科学教养指南

奇想国亲子育儿

给父母的52堂教养课

超人气医生爸爸的育儿经

黄瑽宁 著

浙江少年儿童出版社 · 杭州

图书在版编目（CIP）数据

给父母的52堂教养课 / 黄瑽宁著. -- 杭州 : 浙江少年儿童出版社, 2021.10
ISBN 978-7-5597-2177-8

Ⅰ. ①给… Ⅱ. ①黄… Ⅲ. ①家庭教育 Ⅳ. ①G78

中国版本图书馆CIP数据核字（2020）第208709号

给父母的52堂教养课

GEI FUMU DE 52 TANG JIAOYANGKE

黄瑽宁 著

策　　划：奇想国童书
特约编辑：郑宇芳　雍　敏　**特约美编**：李燕萍
责任编辑：白　云　张灵羚　**责任校对**：潘祎丹　**责任印制**：王　振
出版发行：浙江少年儿童出版社（杭州市天目山路40号）
印　　刷：河北鹏润印刷有限公司
经　　销：全国各地新华书店
开　　本：710mm×1000mm 1/16
印　　张：20
印　　数：1-3000册
版　　次：2021年10月第1版
印　　次：2021年10月第1次印刷
书　　号：ISBN 978-7-5597-2177-8
定　　价：54.80元

作者序

父母们都知道，孩子生病了，可以找医生帮忙；但当父母在教养孩子的问题上陷入困境时，却往往求助无门，不知道该找谁咨询。于是，父母通常会复制上一代的传统方法：小时候父母怎么对待自己，现在就怎么对待下一代。但是随着社会的快速发展，老一辈的教养方式，有很多已经不适用了。现在的儿童所处的成长环境，跟从前也有天壤之别。

传统育儿方法行不通，家长们只好求助于他人经验，于是在教养这个问题上，莫名其妙地进入了“路人皆专家”的状态。网络上各种女明星、男明星、网红等等皆在分享自己的教养理念，如果只是分享也就算了，偏偏有很多名人的分享背后是有商业赞助的，这些赞助商包括玩具厂商、早教厂商、营养品厂商等，这就导致育儿理念真伪难辨，令人无法判断。

如果父母对自己的教养方式没有信心，就更容易被周围的各种意见左右。

比如，当宝宝哭了，父母去抱他，立刻有人来纠正，说这样会导致将来孩子太黏人，失去独立自主的能力；父母不去抱他，又有人来提醒，这样会破坏孩子的安全感，将来孩子会出现情绪障碍。

如果孩子活泼好动，有人立刻会关心孩子是否有多动症倾向；如果孩子太安静，又有人立刻会说是不是孩子有阿斯伯格综合征（一种神经发育障碍，可划归为自闭症中的一类，其重要特征为社交困难）。

如果父母注重考试成绩，有人会批评他们是在扼杀孩子的天性与创造力；如果父母不在意孩子考几分，又有人会批评他们对孩子放任不管，告诫他们这个社会还是注重学历的。

……

孩子到底该怎么管？由于父母对自己的管教方法不自信，导致亲子相处的质量越来越糟——和孩子相处不愉快的时间变多了，开心的时间变少了，挫败感与日俱增，这成为现代父母普遍面临的难题。因此，我希望通过《给父母的52堂教养课》，帮助每一个即将成为父母和已经成为父母的人，从我引用的科学证据中，学到正确的教养方法，找回育儿的自信。

为了让读者朋友们读起来轻松，我在书中穿插了许多育儿故事。这些故事来自我过去十五年的诊疗经验，以及带领“爱+好医生”团队居家访谈的记录，当然也包括我个人的育儿经验。不过正如我刚才所提醒的，这些故事只是陪衬，并非本书的立论主轴。本书最扎实的根基，还是过去这半个世纪以来各种儿童发展心理学以及家庭人文科学的研究成果，我依据这些成果总结出了一条科学教养之路。

你可能会质疑，育儿真的有标准答案吗？在一个多元化的社会，孩子的照顾者和生活环境各不相同，其中照顾者包括全职妈妈、职业父母、单亲家庭、居家保姆、寄宿保姆、托管中心还有祖父祖母等，难道不同家庭的教养标准都应该一致吗？答案是肯定的。

虽然教养与育儿的细节会因家庭结构不同而有所区别，但不论孩子生长在什么样的家庭，幼儿的大脑需求都是一样的。养育子女虽然辛苦，但即便像风雨飘摇的小船，只要方向把握得好，最终都会通往美好的终点。

当我们找回身为父母的自信时，很快就会发现，养育子女是人生中无比快乐的事。父母不只是孩子的供应者、保护者，同时也是孩子的好伙伴。孩子为我们带来许多欢乐时光，如果我们用正确的方法爱他们，他们也会用正确的方法来回报我们。而且育儿不仅仅是单向教养，在陪伴孩子的过程中，你也可以从他们身上看到真实的自己。只要心态对了，方法得当，你会在养育孩子的过程中更爱自己，并且让自己更加成熟、自信。

育儿之路是一场马拉松，不论你的孩子现在多大，学习正确的教养方法永远都不晚。就让本书陪伴你轻松驾驭亲子关系吧！

目　录

第六章　二胎家庭的新挑战：轻松避免手足纷争

第七章　孩子只黏妈妈？帮助爸爸参与育儿的好方法

第八章　是专注力不足，还是学习障碍？

第一章
颠覆传统的科学教养法

★ 家庭会伤人：让亲子之爱里没有恐惧

★ 订立教养目标，享受良好的亲子关系

★ 培养面对失败的勇气，无条件地接纳孩子

★ 成长型思维：父母最想送给孩子的礼物

★ 从婴儿到成人：身心发展到 20 岁才趋于成熟，急什么？

第1课
家庭会伤人：让亲子之爱里没有恐惧

★★★★★

20年前，一位中国男士携全家移居大洋洲。有一天，他妻子用筷子体罚8岁的儿子，打得儿子号啕大哭，以致邻居跑去报警，指控他妻子虐童。警察上门后，看到孩子手臂上条状的红印子，当场就把孩子带走了，并要求父母与孩子必须保持两百米以上的距离。

一周之后，法庭宣判这对夫妻无罪。法官问8岁的孩子："愿不愿意跟爸妈回家啊？"儿子竟然回答："不要。"于是，父母与孩子又多隔离了一周，等到孩子愿意回家跟父母一起生活，禁令才解除。

这位男士常把这件事当笑话来讲，觉得外国人对体罚这件事太大惊小怪，而且儿童安置机构的游乐设施太丰富、太有趣，让他儿子玩得乐不思蜀，不想回家。不过，我听了这个故事，却感到一丝悲凉。

很多人在讨论教养方法时，总是在"能打还是不能打"这个问题上左右为难，却忘记了不管教养方法如何，父母的天职都是给孩子一份安全感。用筷子略施薄惩，在我们的文化语境中并不属于太夸张的体罚，但事后8岁的儿子宁可待在儿童安置机构，也不肯跟爸妈回家，这才是最危险的信号。

很多人问我："黄医生，你身为儿科医生，管孩子的健康不就行了，干吗要跨界关心家庭与亲子关系呢？"我的回答是：因为家庭可能会伤害孩子，影响他们的身心健康，对孩子来说，这种伤害甚至会持续一辈子。

童年家庭创伤指数

近几年来，美国疾病控制与预防中心大力推广家庭教育，并加强对困难家庭的援助力度。很多人可能会好奇："疾病控制与预防中心不是应该管疾病就行了吗？为什么会跨界去关心家庭教养问题呢？"要回答这个问题，就必须提到一个专有名词：童年家庭创伤指数（Adverse Childhood Experiences, ACEs）。（图1-1）

图1-1　童年时遭受的家庭创伤对成年之后身心健康的影响

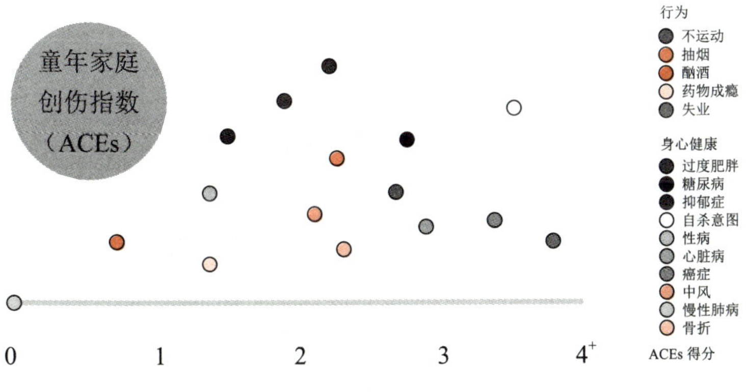

（数据来源：https://vetoviolence.cdc.gov/apps/phl/resource_center_infographic.html）

过去20年的研究显示，许多成年人的慢性疾病，追本溯源，都源于这些人童年时期的负面经验。如果用一些简单的问卷统计孩子的童年经验，并将其换算成刚才所提到的童年家庭创伤指数，你会惊讶地发现原来成年人的健康问题，在童年时期就已经埋下了种子！

如果你的童年家庭创伤指数是1分，未来酗酒的概率会稍微增加；如果童年家庭创伤指数是2分，未来患抑郁症、性病、慢性肺病与肥胖的概率就会增加；如果童年家庭创伤指数是3分，抽烟、药物成瘾以及患中风、骨折、糖尿病、心脏病的概率会增加；如果童年家庭创伤指数是4分，患癌症以及自杀、失业的概率会增加；如果童年家庭创伤指数是4分以上，那刚才提到的所有患病概率，都会比其他人高出4～12倍，而抵抗力也会因此变差，严重者的平均寿命甚至可能会缩短20年。

不要以为一般的家庭并不会给孩子造成创伤，其实童年家庭创伤指数得到4分的人并不少见，在美国有64%的人至少得到1分，达到4分的人数则高达12.5%。你可以回想一下自己的童年经历，试着回答下面的问卷：（表1–1）

表1–1　童年家庭创伤因素

童年家庭创伤因素
1. 父母曾经辱骂你，说轻蔑的话，对你构成心理伤害。
2. 父母过去时常打你、推你、抓你、朝你扔东西，让你身上有伤痕或瘀血。
3. 父母时常以你不喜欢的方式碰触你的身体，或是要你碰触他们的身体，或是性侵犯。
4. 你觉得家人不重视你，你觉得家里的人关系也不亲密，不会互相照顾与支持。
5. 你没有足够的食物，衣服总是破破烂烂，或者你的父母酗酒、吸毒，对你疏于照顾。

续表

童年家庭创伤因素
6. 你的父母离婚或分居。
7. 你目睹了母亲（或是继母）被父亲（或男友）暴力对待。
8. 你和有酒瘾问题或是毒品问题的人一起生活过。
9. 和你住在一起的人患有抑郁症或其他心理健康疾病，或曾经尝试自杀。
10. 你的家庭曾经有人入狱。

健康人生从安稳的童年开始

作为一名关注儿童身体和心理健康的儿科医生，为父母提供正确、科学的教养理念自然是我的职责。给孩子提供一个完整、安全的家庭环境，可以减少孩子压力激素的释放，让其身体的各个器官在发育的过程中趋于稳定，让他们的身心健康得到良好的发展。

儿童的大脑还没有发育完全，如果童年时期长期处于没有安全感的高压环境中，会导致自律神经被“破坏”。“坏掉”的自律神经，容易让人情绪紧张、失眠、忧郁，进而导致免疫力下降、患心血管疾病的概率升高、细胞分裂异常，各种疾病接踵而至。

看到这里，爸爸妈妈们是否有所触动呢？原来学习正确的教养方式，对孩子将来一生的幸福都是如此重要！

什么是“正确”的教养方式？

《教养的迷思》一书的作者朱迪斯·哈里斯（Judith Rich Harris）在20年前曾经说过：“如果有人想要教你如何教养孩子的话，最好的方法就是转身快跑，别听他胡扯。”她在书中还提到，过去百年间有许多与教养相关的经验之谈，这些所谓的经验之谈往往经不起科学的验证。所以，家长们要非常小心，别轻易陷入教养的迷途。朱迪斯·哈里斯的这番话，在某种程度上是有真知灼见的。

现在如果我们随便在网络上搜索“教养”这一关键词，就会蹦出成千上万篇相关文章。在这些文章中，几乎每个妈妈都振振有词，宣称自己的教养方式有多好，她教出来的孩子有多优秀。虽然我相信她们的孩子是真的很优秀，但仅凭分享自己的育儿经验，然后就得出结论，认为“跟着我这样教养准没错”，这当中存在非常大的逻辑谬误。做出“要这样教养”的论断，必须经过长期的研究，并证实这种教养方式切实有效，这才是科学、谨慎的态度。如果仅仅是个人的教养经验分享，那么，我们就只能将其当作故事阅读。

我曾经看过一段网络视频，一个父亲命令他的孩子在冰天雪地中行军，借此训练孩子坚韧不拔的毅力。不仅如此，他还积极开班授课，提倡“斯巴达教育法”。这样荒谬的闹剧居然还真有人相信。难怪朱迪斯·哈里斯在她的书中疾呼：“别闹了！闲杂人等请不要再用你演绎过的教养故事，进一步加重新手父母的育儿压力！”

从童年家庭创伤指数研究中，我们可以摸索出一大原则，若用一句话来形容这一原则，就是“让亲子的爱里没有恐惧”。这句话将会是本书反复强调的科学育儿法的核心理念。很多家长可能会怀疑：怎么可能？孩子如果不怕我，那我怎么教？

相信我，看完这本书之后，你就知道应该怎么做了。

第2课
订立教养目标，享受良好的亲子关系

在学校时，每一门课都会有个学习目标；在职场上，每个公司也都会拟订业绩目标；而今天成为新手父母的我们，为什么不能坐下来讨论一下未来的教养目标呢？

漫无目的地育儿，是一件非常不明智的事，因为有了孩子以后的每一天，我们都在面对许多抉择。比如，给孩子准备什么食物？选择什么学校？做什么运动？如果父母没有明确的目标，总是犹豫不决，或者朝令夕改，那么家庭生活就容易陷入混乱。

或许你会说：“我的教养目标，就是什么都要啊！孩子又要健康，又要长得漂亮，又要高学历，又要高收入……”当然家长有这样的想法很正常，但我们还是要列出优先顺序，以免在紧要关头因鱼与熊掌不可兼得而陷入慌乱，难以取舍，甚至做出错误的选择，无法弥补。

我希望父母们在订立教养目标时，诚实面对自己的内心，不要说谎。

因为有时候我们会说出一些违心的话——诸如，只要孩子开心长大就好，希望他健健康康就好，等等，但事实上却隐藏了自己原生家庭遗传下来的某些负面期许。

我主持电视节目《爱+好医生》时，曾在路上随机采访了20对母子。当工作人员问被采访的妈妈“会不会在意孩子的分数”时，有18位妈妈都表示不在意，“只要孩子认真努力就很满意了”。但当我们转头问孩子“你们觉得妈妈会不会很在乎你考试考满分”时，20个孩子全部点头。可见这些妈妈内心的真实想法并没有骗过孩子。

无论你的孩子现在几岁，你期待孩子将来成为什么样的人，你的教养目标是什么，家长们，别有太多的顾虑，列一个表格，勇敢地写出你的真实想法。

我先列一些内容来抛砖引玉。（表1-2）大家可以思考一下这个表格中

表1-2　教养目标

婴幼儿时期	学生时期	成年时期
1. 白白胖胖	1. 身高正常，长相端正	1. 赚钱多
2. 奶吃得好	2. 快快乐乐	2. 孝顺父母
3. 睡得好，一觉到天亮	3. 对长辈彬彬有礼	3. 为人正直，不做触犯法律的事
4. 不常哭闹	4. 在学校认真学习	4. 事业成功
5. 动作发展比别人快	5. 回家自己主动做作业	5. 职业发展前景广阔
6. 不挑食	6. 成绩名列前茅	6. 成家立业，生儿育女
7. 语言发展比别人快	7. 精通某一项才艺	7. 有健康快乐的下一代。都能吃好睡好，发育良好，学习表现优良，赚很多钱……
8. 不生病	8. 身体健康	
9. 快速建立生活常规	9. 结交好朋友	
10. 与人相处大方，不害羞	10. 会帮忙做家务	

的内容，看看有没有说出你们的心声。作为两个孩子的父亲，我觉得表中的内容并不全面，至少还能多列出20项吧。但不管怎么说，现在的教养目标已经拟订了，我可以提出下一个关键的问题——针对这些目标，有没有现成的科学研究成果，能够有效提高实现目标的概率呢？

答案是肯定的。

美国北卡罗来纳大学教堂山分校曾经在1972～1977年间，开启了一项长达40年的研究。他们选择了近百名家境普通的儿童，从出生开始把孩子随机分成两组，其中一组孩子在5岁之前，每天会有研究员对他们的家庭进行家访，辅助社会、经济地位不高的父母学习如何轻松地进行亲子共读，如何跟宝宝游戏互动，等等。另一组则没有。40年之后，那组曾经接受帮助的孩子已经过了不惑之年，他们平均血压明显较低，无人罹患高血压、高血脂、高血糖等疾病；反观对照组，则已经有四分之一的男性罹患代谢类疾病。

如果你的教养目标跟健康相关，这里有答案：5岁前的亲子陪伴，可以让孩子更健康。

接下来的这项研究更加关键。2016年，西班牙奥维耶多大学针对2000名12到18岁“误入歧途的青少年”进行调查。这些青少年，有一半属于反社会人格，或者有暴力倾向；而另一些人，则是跟反社会人格的朋友混在一起，也就是所谓的“交坏朋友”。研究者想知道，什么样的家庭教育比较容易养出误入歧途的青少年，或者哪些孩子交了坏朋友后，容易深陷其中无法自拔。

他们把父母教养的手段分成六大类：一、沟通与交流；二、行为赏罚；三、释放自主权给孩子；四、分享自己的经验；五、运用幽默感化解；六、情绪操控。猜猜看，在这六种亲子互动之中，父母运用哪一种教养手段最危险，最容易教出所谓的“坏孩子”？

研究结果发现，答案只有一个，那就是情绪操控，或者说得更加严重一点，叫作情绪勒索。

情绪勒索常见的句型有：你这样很不孝；你这样很丢爸妈的脸；你害我血压高；你害我昨天睡不着，吞了好几颗安眠药；你如果这样对我说话，我不如死了算了；早知道不要生下你们，为了你们牺牲了我自己……这些句型有一个共同的意念，那就是父母目前面临的悲观情绪，都是孩子造成的，所以孩子要负责好好表现，来取悦父母。

大量使用情绪操控的父母，让孩子背负着父母的情绪操控所衍生的罪恶感；他们面对自己人生难题已经够累了，还要扛着家人的情绪勒索，渐渐地，这些孩子会变得安静，在家里不能说真话，不能做自己，暴躁、易怒，逐渐形成反社会人格、愤世嫉俗的个性。

因此，如果你的教养目标包括智商、情绪管理、奉公守法等，这里有答案：陪伴孩子时，切忌使用情绪勒索的字眼。看看上面条列的六种沟通方法，还有五种可以使用，可以赏罚，可以分享经验谈，爸爸还可以用幽默的笑话传达意念，唯独就是情绪操控万万不可取。

2015年，日本经济产业研究所发表了一项研究——“教育方法与劳动市场的评价——日本的实证研究”，一共近5000名日本成年人接受了调查。（图1-2）研究人员根据调查结果，将父母的教养态度分成五种类型：支持型、严格型、讨好（迎合）型、放任型和暴力型，其教养特色分别为：

* 支持型父母：高度信任孩子，对教养孩子有高度兴趣，陪伴时间多，让孩子有较大的独立自主空间。
* 严格型父母：对孩子的信任程度中等偏高，对教养孩子有兴趣，

制定很多规矩并严格执行，孩子几乎没有独立自主的空间。

* 讨好（迎合）型父母：高度信任孩子，管理不严格，陪伴时间中等偏多。
* 放任型父母：对教养孩子没什么兴趣，不严格，陪伴时间较少，不给孩子制定规矩。
* 暴力型父母：对教养孩子没什么兴趣，也不让孩子有独立自主的空间，完全不信任孩子，但对孩子很严厉。

图 1-2　日本经济产业研究所对不同养育方式下的家庭子女成年后的年平均收入研究结果（单位：万日元）

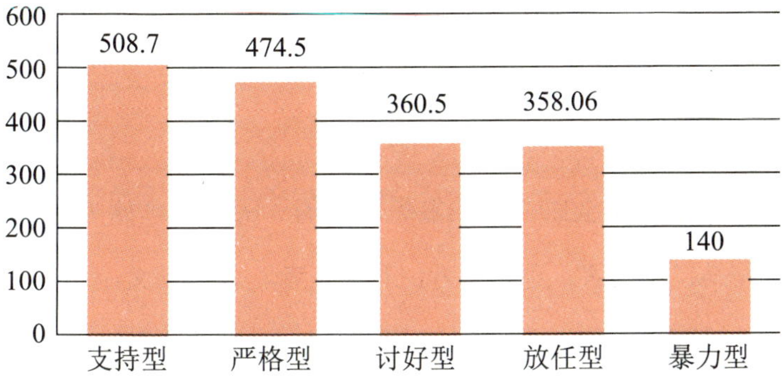

（数据来源：Journalism and Mass Communication, January 2017, Vol. 7, No. 1, 35-45. doi: 10.17265/2160-6579/2017.01.004）

调查结果显示，支持型父母培养出的孩子，长大后平均薪水最高，学历最高，而且幸福感最高；第二名是严格型父母，虎爸虎妈培养出了第二高薪、高学历的子女，然而子女却有较低的幸福感和较高的焦虑指数；讨好（迎合）型父母和放任型父母培养出的孩子的水平差不多；暴力型父母培养出的孩子则是在薪资、学历、安全感与幸福感方面全盘皆输。

如果你的教养目标跟孩子未来的薪资、学历、幸福感相关，这里有明确的答案：成为支持型的父母。

支持型的父母高度信任孩子，对教养孩子有高度兴趣，陪伴孩子的时间很多。他们让孩子有较大的独立自主空间，但不是完全放任孩子自己做决定。他们和严格型父母的差别，在于愿意放手给孩子更多的独立空间；和讨好型父母的差别，则是制定了一些规矩要求孩子必须遵守。至于放任型的父母，看似自由民主，其实完全没有肩负起教养孩子的责任。

现在，家长们可以问问自己，你们是哪一类型的父母？在读完这本书之后，希望大家能慢慢地成为支持型父母，或许这并不容易，但只要你们坚持不放弃，最终一定能获得成功。

不伤害，尊重，有利，公正

医生从医学院毕业时，必须熟悉所谓的“医学伦理四大原则”，这四大原则分别是：不伤害，尊重患者，有利患者，公平正义。

在诊治过程中不使患者的身心受到损伤，这代表着第一个不伤害原则；医疗的主体不是医生，应该是病人自己，因此做任何决定，都要尊重病人的意愿，这就是尊重原则；医务人员诊治行为的目的是为病人好，而非沽名钓誉，不是为了自己的名誉、财富，这就是有利原则；最后一个公正原则，意思是任何病人不论贫富贵贱，理当一视同仁。

我认为这四个原则跟科学的亲子关系极为相似，父母在教养孩子时，也需要遵守四项原则：

* 不伤害：千万不要借口为了孩子好而进行错误的管教，带给孩

子更多的伤害。

* 尊重：尊重孩子的个人意愿，凡事皆可商量，不要强迫。
* 有利：教养的基本原则应该是“利他”而非“利己”。
* 公正：如果家中有二宝，切记一定要公平对待孩子们，否则父母的偏心会成为破坏家庭关系的导火索。

在这四个原则中，我特别要提到“有利原则”。上文中我们洋洋洒洒列出了许多教养目标，假设这些目标最后都实现了，结局圆满，那么，请允许我多问一句：“这些都是为了谁？”

有些父母替孩子定下人生目标，口口声声是为了孩子好，但仔细一想，其实是想借此求得自身的圆满。他们养儿是为了防老；希望孩子收入高，是为了将来买大房子给自己住；希望孩子有高学历，是为了给自己挣面子……这些心态，基本上已经违背了“有利儿童原则”，目的明显是利己，而非利他。

这是为人父母最大的问题。

虽然自私是人的天性，期待孩子功成名就后尽孝也是人之常情，但我们必须每天反复提醒自己——这不是我们为人父母养儿育女的最终目标。

孩子是上天赐予的最美的礼物，让我们心中的爱找到一个出口。孩子若能健康快乐成长，那是因为爱的无私付出自然而然得到的祝福。因此，与孩子一同成长，一起享受良好的亲子关系，才是我们的教养目标。

在这一节课的最后，我用黎巴嫩诗人纪伯伦的诗《论孩子》（冰心译）来替我们的教养目标做个批注：

你们的孩子，都不是你们的孩子，

乃是“生命”为自己所渴望的儿女。

他们是借你们而来，却不是从你们而来，

他们虽和你们同在，却不属于你们。

你们可以给他们以爱，却不可给他们以思想，

因为他们有自己的思想。

你们可以荫庇他们的身体，却不能荫庇他们的灵魂，

因为他们的灵魂，是住在“明日”的宅中，那是你们在梦中也不能想见的。

你们可以努力去模仿他们，却不能使他们来像你们，

因为生命是不倒行的，也不与“昨日”一同停留。

你们是弓，你们的孩子是从弦上发出的生命的箭矢。

那射者在无穷之中看定了目标，也用神力将你们引满，使他的箭矢迅疾而遥远地射了出去。

让你们在射者手中的“弯曲”成为喜乐吧，

因为他爱那飞出的箭，也爱了那静止的弓。

第3课
培养面对失败的勇气，无条件地接纳孩子

★★★★★

“如果你不哭的话，我才抱你。”这是爸爸妈妈对小婴儿说的。

“如果你乖乖练钢琴的话，我才让你看动画片。”这是爸爸妈妈对学龄前儿童说的。

“这次考试如果能排进前三名的话，我才带你去迪士尼玩。”这是爸爸妈妈对更大的孩子说的。

几乎所有家长都曾经用这样的句型来操控孩子，包括我自己在内。“如果你怎样怎样，我才会如何如何”这样的表达方式很好用，就像是在驴子前面挂了一根萝卜，驴子为了追逐前方的好东西，而驱使自己前进。

不只是家长，公司的领导也不乏这样对待员工的。老板们常说：“如果你这一季度完成绩效指标的话，我就给你加薪。”“你只有拿下这个案子，我才让你休假。”这种威逼利诱的方法，虽然提高了员工的工作积极性，但大家都清楚，这不过是利益交换而已。

当公司领导用这种句型和你对话时，你会感觉领导并不是“爱护”你，只是单纯地利用你，而你们之间也就是各取所需而已。

然而，温暖的家庭是父母与孩子相亲相爱的地方，如果反复和孩子谈条件，并不是一件好事。心理学家兼儿科医生卡尔·罗杰斯（Carl Rogers）说过：“人心最大的需求，就是能够被他人‘无条件地接纳与包容’。”而最适合扮演这个无条件接纳者角色的，当然就是自己的父母和家人。

被无条件接纳的孩子，考试考砸了也不自卑

荷兰乌得勒支大学曾经做过一项研究，他们邀请了247位11～15岁的孩子来做一个心理测验。（图1-3）这项心理测验非常简单，就是把孩子们分成三组，每人写一则故事，时间为15分钟。

第一组孩子要写一位肯“无条件接纳他”的朋友。不管他做了什么蠢事、错事或丢脸的事，这位朋友还是会像从前一样爱他、珍惜他们之间的友谊。其中有一个孩子写道：“我有一个同学，常常跟我同一组写作业，虽然我总是犯错，但是他从来没有生气，一直对我很好。”

第二组孩子要写一位“有条件地接纳他”的朋友。只有当他表现好的时候，朋友才会正眼看他；如果做错事出了糗，朋友就不愿意搭理他。

第三组孩子要写一位跟他完全不熟的同学。

故事写完之后，老师让这些孩子自己把故事再念一遍加深印象，这是测验的第一阶段。

三周之后，刚好赶上学校的期末考试，有些同学考得不错，有些人分数却不甚理想。成绩公布之后，老师邀请同学们用“沮丧、愤怒或是高兴、得意”等情绪指标，来填写一份心情评估表。

有趣的事情发生了！三周前被分到第一组，描写曾经被“无条件包容

与接纳”故事的孩子，即便考试成绩不好，也不会感到过于沮丧或自卑，恢复自信心的速度也比较快。反之，另外两组孩子的情绪与成绩呈现高度相关，考得好的同学会得意忘形，成绩不好的同学会陷入沮丧忧郁，需要更长的时间才能恢复自信。

这个测试告诉我们，经历过失败或挫折的孩子，只要心里有一点点温暖，拥有“不管我的表现有多糟糕，这世界上至少还有一个人，会无条件地接纳我、包容我”这么一个单纯的信念，就能支撑他渡过情绪的低谷，从失败中重新站起来。而这个能够无条件接纳他的人，或许是好朋友，或许是好老师，当然最理想的人是自己的父母及家人。

图 1-3　荷兰乌得勒支大学研究结果

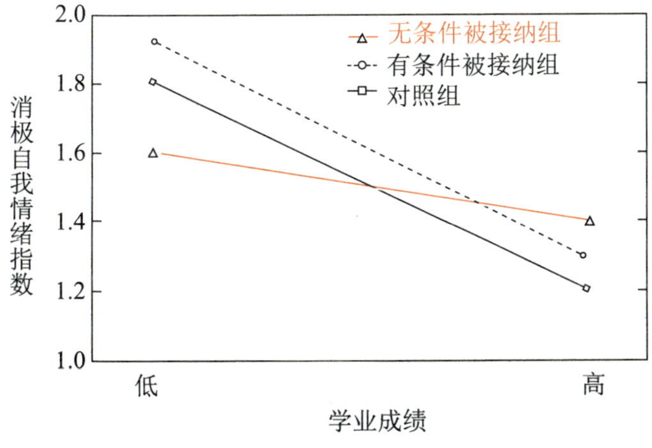

（数据来源：https://doi.org/10.1542/peds.2013-3698）

人心最大的渴望：被所爱的人无条件地接纳

当然我们都承认，即便是最爱孩子的父母，也不容易做到百分之百地接纳与包容自己的孩子；但既然它如此重要，父母就需要慢慢学会如何去接纳和包容孩子。如果我们时常以“如果你怎样怎样，我才会如何如何”这种有交换条件的方式对孩子说话，就很难传达父母无条件的包容与接纳。

更为糟糕的用语还有“如果你没有怎样，我就不爱你了！我就不要你了！你就不要回来了……”这些话千万千万不要说出口，这会让孩子挫折忍受度低，更容易失去自信，最后变得自暴自弃。

我的孩子小的时候，我很喜欢读一本图画书给他们听，书名叫《做妈妈的都是这样》。故事里有一只小猫，年纪还小，整天玩耍嬉闹，而且时常制造麻烦让妈妈收拾。有一天，他在树枝上荡着，开口问妈妈：“妈妈，你爱我吗？”他心里想着，自己那么调皮捣蛋，妈妈还会爱他，应该是因为自己很聪明，也很会画画，还有、还有，他偶尔会很疼惜妹妹，做事也很有规矩……总之，一定是做了什么好事，才让妈妈爱他。

但猫妈妈怎么回答小猫的呢？猫妈妈抱住小猫，轻轻对他说：“我爱你，因为你是我的孩子啊！从你出生的那一刻开始，我就无微不至地照顾你。你不应该认为你乖我才爱你，你顽皮我就不爱你了，知道吗？”

“就这样？”小猫追问，“这么简单？”

猫妈妈慈爱地看着小猫，温柔地说：“是啊，就这么简单，做妈妈的都是这样！”

每当我读到这里时，都再次跟孩子强调：“爸爸妈妈就是这样无条件地包容、无条件地接纳、无条件地爱你们，就这么简单。”

接纳的力量：斑马腿女孩

佩兴丝·比尔德（Patience Beard）是美国阿肯色大学的啦啦队队员，和其他人不同的是，她只有一条腿。出生后她被诊断患有一种叫“近侧股骨灶性缺损”的疾病，导致她的一条腿无法正常发育，必须截肢才不会影响正常生活。

她小的时候，因为觉得义肢很丑，便告诉妈妈她希望能穿着长裤遮掩左腿。但她的妈妈说：“可是这样一来，别人看到的就不是真正的你了。妈妈爱你的全部，所以你不需要遮遮掩掩，这样才能让其他人认识真实的佩兴丝·比尔德。”

得到妈妈完全的包容与接纳后，佩兴丝也接受了自己的缺陷，并且靠自身实力站上了啦啦队的舞台。她还要求医生将她左腿的义肢漆上斑马条纹。她的热情点燃了全场，成为焦点，而“斑马腿女孩”最后成了她的注册商标。

或许我们的孩子不像佩兴丝那样，有如此明显的缺陷，但孩子依然会有其他隐形的缺陷：可能是情感上的缺陷（比较黏人、需要安抚）、能力上的缺陷（音感不佳、运动协调性不强），或者外表被贴上有缺陷的标签（矮小、胖瘦、肤色）等。身为无条件的包容者，我们是否能和佩兴丝的妈妈一样，愿意接纳孩子的全部呢？

佩兴丝的妈妈在一次访谈中说过一句发人深思的话，她说：“有时候我感到羞愧，甚至希望自己能像女儿一样，能够接纳自己的一切。”一位悉心教导女儿勇敢接受缺陷的母亲，有时候也无法爱自己，无法接纳自己的内心与外表。因此在爱孩子之前，或许我们应该先从接纳自己开始。回想一下你生命中的一位珍贵的朋友，他曾经是怎样无条件地接纳与包容你。

爸爸妈妈们，你们接纳自己吗？请先努力接纳自己的全部，或者去回想一位生命中曾无条件爱你的人。只有你们能完全接纳自己，才有能力在育儿的过程中，无条件地包容与接纳孩子。

第4课

成长型思维：父母最想送给孩子的礼物

★★★★★

若要说21世纪最热门的发展心理学家，应该非美国斯坦福大学的卡罗尔·德韦克（Carol Dweck）莫属了。卡罗尔·德韦克大力倡导“成长型思维”这一理论，认为人类通常有两种思维模式中的一种，固定型思维或成长型思维，但固定型思维者可以转变为成长型思维者。这一理论经过反复的科学验证，证实可以帮助儿童拥有学习动机，而且成效显著。我个人认为，这项理论非常重要。

成长型思维

究竟什么是成长型思维呢？简单来说，就是让孩子真正相信一件事：

> 智商不是先天注定的，而是可以无限提高的。大脑就跟肌肉一样，只要天天练习使用，大脑就会越练越发达。

既然大脑像肌肉一样，可以越练越发达，就要尝试将未来的自己跟过去的自己相比较，让孩子明白明天的我会比今天好，后天的我会比明天好，我的未来没有穷尽。这样一来，孩子可以拥有强烈的学习欲望，而且愿意接受任何新的挑战。

反之，如果让孩子误以为智商是天赋，是遗传的，是后天无法改善的，这就落入了相反的“固定型思维陷阱”，并会打击孩子的自信，扼杀孩子的创造力。然而我发现有很多家长和老师，可能自己从小也被固定型思维所捆绑，因此，不知不觉地将同样的思维模式传递给了孩子。

比如，当孩子拿着很糟糕的成绩单回家时，如果父母面露不悦，甚至对孩子又打又骂，这种反应传达出来的信息，就是“你永远都是这么笨，所以我现在才会这么生气”。固定型思维就在这种表达过程中，进入了孩子的脑海。

成长型思维的父母则完全不一样。首先，他会带着轻松自然的表情告诉孩子：“幸好老师考到了你不会的这些题目，不然我们就没机会学习它了。”其次，他会和孩子一起把不懂的部分弄清楚。最后，在把难题全部弄明白之后，他会问孩子：“怎么样？有没有觉得大脑的小肌肉又变得更结实啦？”如果孩子始终学不会，家长会去寻求专业的帮助，看看孩子是否需要特殊的教学方式，而不是恼羞成怒、大发雷霆。

成长型思维的父母还会告诉孩子：“学习就像球类运动一样，有人擅长踢足球，有人擅长打羽毛球，但只要多加练习，没有人最后是学不会的。在不同的学习过程中，有些人学得快，有些人学得慢，但你不用在意其他人，只要你肯练一练大脑的小肌肉，就会持续进步，而且越来越聪明。”反之，如果家长时常说“你笨、你蠢、你懒、你不专心”，就很容易扼杀孩子的成长型思维。

三个"化"：个人化、广泛化与永久化

"积极心理学之父"马丁·赛利格曼（Martin Seligman）曾经把负面言语带给孩子的心理伤害归纳为三个"化"，分别是个人化、广泛化与永久化。

比如，如果老师因为孩子没有做好作业而骂他，一次或许孩子可以接受，但是今天骂，明天也骂，就会让孩子觉得我"这个人"很糟糕（个人化）；如果再因别的两三件事骂孩子，他的自信心就会继续瓦解，会觉得自己"所有事情"都做不好（广泛化）；被骂的时间一长，孩子会丧失努力的动机，认为自己"永久"地无法变好，因此做什么事都无所谓，对什么事都不在乎（永久化）。

当孩子被负面言语逼到三个"化"的悲惨境地时，培养成长型思维就变得更加遥不可及。

空泛的赞美也会扼杀成长型思维

听到这里，你可能会说："黄医生，我知道了，总之就是要常常称赞孩子，对吧？"答案是：不一定对！因为除了嫌恶式的批评会扼杀成长型思维之外，空泛的赞美同样也会扼杀成长型思维！

斯坦福大学的研究者们曾在一所小学的五年级学生中进行了一项智商测验。第一节课，老师使用非常简单的试卷考试，让两个班级的孩子都得到很高的成绩，同学们都很开心。

考试结束后，老师大力称赞甲班学生，说："天哪！你们是我教过的最聪明的学生，太厉害了，太棒了，你们的未来真是不可限量啊。"但是到

了乙班，老师换了一种方式，对学生说："你们是我见过的最努力的学生，每次考完试，看到你们都会把写错的题目找出来，互相讨论，老师很感动。大脑就像肌肉，越练越结实，我相信你们的大脑也会越练越强壮。"

这次考试过去没多久，迎来了第二次考试。这回老师出了一份非常难、超过孩子能力所及的试卷。结果不出所料，甲乙班同学都考得很差。

这次考试结束后，甲班学生的信心受到了严重打击，那些被老师称赞为"优等生"的学生情绪长期处于低潮。等到了第三次考试，甲班平均分数退步了20%。而被称赞"很努力"的乙班学生，在考试之后并没有沮丧太久，很快就获得重新振作起来的力量。大家一起把考卷拿出来研究，把正确的解题方法找出来。在接下来的第三次考试中，乙班平均分数提高了30%。

研究证实，空泛的赞美诸如"你好聪明，你好厉害，你好棒"，只会让孩子产生虚荣心，继而造就固定型思维——"我永远都是这么优秀"。这样的孩子经不起失败的打击，而且为了保全面子，甚至会作弊或说谎。反观被称赞"很努力，持之以恒"并能被点出具体哪里做得好的孩子，才能培养出成长型思维，不论失败几次，始终越挫越勇。

空泛性赞美造成自恋

希腊神话中的纳西索斯因为过于自恋而饿死了，死后变成了河边的水仙花，仍然痴情地凝望着水中自己美丽的倒影。英文中的水仙花，正是以纳西索斯（Narcissus）为名，而自恋性格的英文，则是narcissism。

"自恋"并不等于"自信"，两者在心理学上的含义是完全不一样的。如果让自恋者与自信者分别来描述自己，自恋者会倾向于选择"我觉得自己比别人优秀许多"，而自信者则会选择"我每天都愿意接受新的挑战"

或者“做自己很开心”。

从儿童心理学的角度来看，7岁之前的孩子，天生都非常自恋。如果你问幼儿园的小朋友:“你们班上谁最乖啊？”每个小朋友都会认为是自己。然而等到7岁之后，这些孩子开始懂得互相比较，并且开始学习分析自己的优点与缺点，这时候若老师再问同样的问题，大部分小朋友应该都不会再说是自己了。

想象一下，如果幼儿的自恋性格延续到7岁以上，甚至到青少年时期，那肯定不是一件好事。根据心理学家的观察，自恋的小孩永远认为自己比别人优秀，心中持续幻想着一些不存在的成功事迹，认为自己应该得到更多的关注以及更多的赞美。自恋的孩子一旦被羞辱，他们不仅无法接受，而且会非常生气，甚至诉诸暴力反击。长期的观察研究显示，自恋性格的人长大之后，罹患抑郁症、焦虑症等的概率会更高。

荷兰阿姆斯特丹大学儿童发展与教育学系的研究团队发表了一篇文章，标题是《儿童自恋性格的养成》，披露了一项令人惊讶的研究成果。他们发现，儿童的自恋性格，若是延续到7岁以上，其原因并不是基因遗传，而是父母教养过程中进行“过多的空泛赞美”。

家长如果告诉自己的孩子“你比其他同学优秀”，那么就很容易教出自恋的孩子；反之，如果家长时常用各种方式对孩子表达“我爱你”，而不是使用过度的称赞，那么教出来的孩子则拥有自信而非自恋。研究也发现，自恋性格的养成，跟父母有无陪伴孩子并无直接关系，所以不要以为“有陪伴就是好父母”，还必须是有质量的陪伴才行。

成长型思维带来真正的自信，让孩子愿意挑战困难

培养孩子的成长型思维永远不嫌迟，只要家长和老师愿意改变。德韦

克教授曾经在某所初中进行过一项实验：让孩子们每天朗读“大脑像小肌肉，每次的失败就像是在锻炼大脑的小肌肉，越练就会越发达”这样的文章。一个学期之后，虽然教材和老师都没有改变，但孩子们的平均成绩都有显著提高。

研究进一步显示，被称赞努力的孩子在两份难易程度不同的试卷中进行选择时，他们会倾向于选择比较难的那一份进行挑战。另外，在一门考试结束后的休息时间，这些孩子也更愿意讨论考试的技巧。反之，那些被空泛称赞的自恋型孩子，只关心自己考了几分，听到自己考得不好就感到沮丧忧郁，听到自己考得好就飘飘然自以为了不起，完全不在意考试的内容。

称赞孩子三部曲

如果父母想培养孩子的成长型思维，除了当孩子失败时，隐藏失望或轻蔑的表情之外，平时也可以适时给予孩子正确的称赞。所谓正确的称赞，即避免空泛的“好棒、好帅”，而要称赞孩子的努力与特质。

我们来练习一下称赞孩子三部曲的顺序：孩子，你做了一件令人开心的事；孩子，你的努力我看见了；妈妈觉得你是一个具有____特质的孩子。如果以考试为例，我们可以说这样三句话：

- 哇，你这次考试进步了很多！（事件）
- 你这次没有临时突击，改成每个周末多学习一小时，这策略似乎很适合你。（努力）
- 你这一整个学期持之以恒，真的很不简单。不管成功与否，我都觉得你是个很有执行力的孩子，爸妈替你感到骄傲！（特质）

这样的称赞就不是空泛的赞美，而是强调孩子优秀的品格特质，说到了他们的心坎里。很多父母的称赞只停留在孩子的努力上，这样虽然已经比空泛的赞美好，却仍欠缺了临门一脚。因为就算孩子下次付出相同程度的努力，却不一定能成功，这或许会让有些孩子失去努力的动机，而不愿坚持下去。但如果被称赞具体的人格特质，比如说“有毅力”“有爱心”等，就可以慢慢影响和肯定孩子，让这种特质成为他自我认同的一部分。

现在，让我们简单整理一下前面的内容——到目前为止，本书所传达的四个育儿心法为：让爱里没有恐惧，享受亲子关系，无条件地接纳孩子以及培养孩子的“成长型思维”。

第5课
从婴儿到成人：
身心发展到20岁才趋于成熟，急什么？

★★★★★

很多家长不清楚孩子的成长节奏，所以时常为一些无关紧要的小事着急，导致教养孩子时无法保持淡定。这些小事包括睡眠训练，何时自主进食和如厕，是否太瘦太矮，等等。因为对孩子的身体健康产生焦虑而影响了教养的态度，这是新手父母面临的困境之一。

在本章的最后一课，我会从医学的角度，列举一些让父母感到疑惑的常见问题并给予解答，来缓解新手父母自身在养育过程中制造的紧张气氛。

发展焦虑一：身高体重

俗话说“人比人，气死人”，宝宝的身高体重更是如此。若是在同卵双胞胎之间进行比较，那还情有可原，最糟糕的是婆婆妈妈们拿家族中最高、最胖的孩子当作正常指标，把其他堂兄弟表姐妹都说成营养不良，那就实在是自找麻烦了。

如果要预测接下来一两年孩子的身高体重百分比，出生时的数值并不能作为参考，比较准确的指标是宝宝6个月大时的身高体重百分比。大部分孩子到5岁之前这个百分比不会改变太多。因此，自己跟自己比就好，没有必要和别人比。6岁之后到青春期，孩子的身高可以用父母的身高来预估，要知道遗传基因的力量强大，除非孩子的生长速度过于缓慢，与预期身高相差太多，否则，并不需要过度担忧。

就算孩子个头小，如果经过医生长期追踪都没有发现问题，那就是正常的。长得相对瘦小的宝宝，只要活动能力发展良好，再怎么强迫（比如加强营养）都不会长得高大魁梧，不需要在营养品上浪费钱。父母应该更了解自己的情况，如果你的孩子较为瘦小，那么通常父母中的一个在童年时期也是瘦瘦小小的。还记得我们的育儿心法吗？无条件地包容与接纳，也包括孩子的身高与体重。

如果父母整天嫌孩子挑食，羞辱他们的身高或体重，强迫他们跳绳100下，逼迫孩子吃完餐盘里的食物，基本上就是在告诉他：爸爸妈妈无法接受一个瘦小的孩子。将来若遗传基因无法改变，孩子始终没有长高，他就容易成为不自信的人；将来若真的长高长壮了，他就可能瞧不起矮小的同学，甚至欺负他们。

另外，父母也不要忘记，童年家庭创伤指数高的孩子，因为肾上腺激素抑制了生长激素的分泌，或许更不容易长高。

发展焦虑二：饮食习惯

虽说民以食为天，但很多家长对孩子“饮食”这件事实在太钻牛角尖，反而会破坏亲子感情。在我的门诊案例中，有的家长抱怨孩子不喝奶、不吃饭、不吃花椰菜、不吃苦瓜、不吃肉、不吃水果……目前，食物的种类已经非常多样化了，孩子可能只是不爱吃其中几样食物，就被贴上了“挑食”的标签。

虽然追求营养均衡无可非议，但上述这些情形确实矫枉过正了。我想，父母的这种焦虑情绪，和媒体上一些专家时常强调“某些食物营养价值高”有关系，但实际上人类需要的不外乎四大类营养成分：淀粉、蛋白质、脂肪和纤维素。只要孩子每一类食物中各爱吃一种，基本上营养就有保障了。

吃饭这件事，应该顺其自然、投其所好，以轻松应对为原则。专家倡导食物营养价值，是希望大家能吃天然食物，少吃加工食品和零食，家长千万别看错重点。

还有很多家长，致力于训练孩子的用餐礼仪，结果餐桌变成了“监狱”，吃饭像在“坐牢”。3岁前的婴儿，就被要求坐在餐椅上，用餐具，不可以用手抓食物。爸妈还时不时强调：“你看谁谁谁都可以坐好自己吃，你都几岁了还……”这些伤孩子自尊的语句，字字句句刺疼他们的心，导致他们只想逃离餐桌，还怎么好好吃饭？

餐桌礼仪重身教，爸妈自己以身作则，孩子长大了自然会有样学样。当然，餐桌上的规矩可以教，但不必因为急于达成目标而拔苗助长。总之，只要有良好的身教，无须操之过急，孩子自然会模仿家长的餐桌礼仪。

发展焦虑三：如厕训练

现在的孩子很无奈，比高、比壮、比不怕吃苦瓜……这还不够，还要比看谁先摘掉纸尿裤、谁先自己睡。

可能是看多了媒体上别人家孩子的新闻，父母们心里着急，生怕自己的孩子没家教，长大后不成材。但什么时候能够自己如厕、什么时候能够自己睡，这和孩子将来能否养成独立自主意识完全没有关联性。

因为孩子的心理发育尚未成熟，太早训练孩子如厕，强迫孩子不穿纸尿裤，会剥夺孩子的安全感，让孩子丧失自信心，更会导致孩子产生憋尿、便秘等生理问题，进而引起泌尿系统感染。也有些孩子因为被父母逼急了，产生恐惧与排斥心理，更晚才能脱离纸尿裤，这都是我经常碰到的门诊案例。

儿科医生建议如厕训练的时间在一岁半到三岁之间。当孩子会自己穿脱裤子，会表达“我要尿尿”，会在固定时间排便，以及会好奇大人为什么坐马桶时，让孩子脱离纸尿裤就能事半功倍。

你见过哪个大孩子愿意穿尿布上学的？时间到了，孩子自然就会自己如厕了。既然如此，家长还有什么可着急的呢？

发展焦虑四：睡眠

同样的逻辑也适用于孩子独立睡觉的问题。要知道世界上很多地方，孩子与家长一起睡是很正常的事，让孩子自己睡觉才显得很奇怪。当然我们也不必评价哪一种文化更好，但睡眠训练这件事，必须顾及孩子的安全感、分离焦虑等与心理发育相关的重要因素，绝对不是强迫就能做好的小事。家长没必要跟别人比，也不用听信所谓专家的言论，应该相信自己的直觉，尊重孩子的个体发展进程，等到时机成熟时，轻轻推他一把，自然而然就能成功了，根本不需要像打仗似的逼着他自己睡。

有关睡眠的各种学问，我会在本书的第二章详述。

发展焦虑五：心理发育、社会礼节

很多父母焦虑于孩子在玩游戏时不能专注于一个玩具，因此担心孩子长大后会注意力缺失，变成多动症；进而担心孩子学习输在起跑线上，长大会变成没有用的人！所以，有些家长会要求孩子立即开始训练，学习如何专注地玩玩具。

孩子和其他小朋友一起玩时，父母也会焦虑，因为孩子被抢了玩具，竟然不会抢回来。以后被人欺负了不还手，变成被欺负的对象，这怎么可以？现在就要告诉孩子，有人抢你东西，一定要抢回来！

在礼貌问题上，父母也会焦虑，因为孩子现在顶撞父母，长大就会顶撞师长，走上社会就会变成粗鲁的人。所以现在就要训练他，顶撞父母一定要处罚！

在诚实方面，父母更是焦虑，因为孩子今天撒个小谎，明天撒个大谎，走上社会就会变成小偷、罪犯！所以即便是小孩，撒谎也要严厉处罚！

以上都是我们时常听到的教养误区，虽然家长们的担心不是完全没有道理，但其实没有必要这么紧张。孩子的成长发育是一段很长的历程，学龄前儿童有许多小毛病，真的不需要被刻意地扭曲放大。我建议父母们找一本自己认同的教养书，从头到尾好好地读一遍，了解什么是注意力不集中，什么是多动症，什么是欺负，什么是品格，千万不要自己设想一些不存在的情节，自己吓唬自己，然后做出错误的教养抉择。

爸爸妈妈们只需具备基本的儿童发展时间概念，加上十足的耐心，就可以看着孩子正常地健康成长。如果在焦虑之中用错了方法，很可能追悔莫及。

以上面提到的担心孩子被欺负为例，孩子被抢了玩具而不抵抗，父母如果看着着急，告诉孩子“别人打你，你就打回去啊”，可能会导致怎样的结局呢？孩子下次被欺负，想起爸爸的话，想要以牙还牙，用力打回去，但孩子的个性可能就是温柔斯文型，实在无法反击，所以只好又忍住了。孩子会觉得自己没有按照爸爸的要求做，回家便不敢和父母说起学校发生的事。结果第二天玩具又被抢，如此周而复始。你看，父母本来希望孩子不要被欺负，结果因为用错了方法，导致孩子不断被欺负。

家有学龄前儿童的家长应该以观察、陪伴、接纳、包容为教养的主轴。相关的细节与方法在本书后面章节都会叙述，家长们可以慢慢读、慢慢思考。家长们要时常提醒自己，孩子身心发展到20岁才趋于成熟，所以不要急，不要小题大做，不要自己吓唬自己，更不要拔苗助长。

埃里克森的心理社会发展理论

要了解孩子的发展进程，知道孩子在什么年龄可以做到什么事情，就不能不提到心理学家爱利克·埃里克森（Eric H. Erickson）的人格发展理论。埃里克森认为，人的心理社会发展分为八个时期，从出生一直到老年，一步一步地成长。（表1-3）

表1-3　爱利克·埃里克森的心理社会发展表

阶段	年龄（岁）	发展目标	生命徽章
1	0～1.5（婴儿期）	建立安全感	信任
2	1.5～3（幼儿期）	他律期，学习一个口令、一个动作	自我意识
3	3～5（学龄前期）	开始有自律感、责任感，有好奇心	讲道理
4	5～12（学龄期）	有求学、做事、待人的基本能力	能力
5	12～18（青春期）	自我认同期，寻找人生目的	忠诚
6	18～40（成年早期）	建立与他人的亲密感	爱
7	40～65（成年中期）	热爱家庭，关怀社会，有正义感	关怀
8	65（成年晚期）	自我荣耀，收割成就	智慧

在1岁半之前，婴儿的发展目标是“建立安全感”，所以这时候父母

唯一需要给予的，就是无条件的包容与接纳，让小婴儿觉得这个世界很安全、很温暖。这一时期孩子得到的生命徽章，是“信任”。

1岁半到3岁，孩子开始进入“他律期”，可以根据一个口令、一个动作，完成父母或其他看护者的指示。但这一时期的孩子的大脑尚未发育成熟，无法了解指令背后的道理，所以没办法自发地做事情。在这一年龄段，孩子也正处于“建立自我意识”的时期，喜欢通过唱反调来传达自我意识。这都是正常的发展阶段，也是这一年龄段孩子应得的生命徽章。

3岁到5岁，是孩子开始听得懂道理，而且对周围事物都有好奇心的“自动自发”时期。通过做游戏和团体互动，可以培养他们的责任心，帮助他们了解规矩背后的原则。当孩子们想要取悦身边重要的人时，他们就会主动执行每天的生活常规。这段时期得到的生命徽章，是“讲道理”。

5岁之后，是孩子真正的学习爆发期，不论是逻辑、语言还是运动、各种知识的增长，在这段时期可以说是事半功倍。所以儿童在5岁之前，根本不需要做太多的纸上学习，既浪费时间，又有可能扼杀孩子的学习欲望，不如让他们好好地玩，开心地成长，5岁之后再进行有效率的学习。你一定会好奇，那么口语的学习呢？是否也要等到5岁？关于这一点，在本书的第三章会有详细的解释，这里先卖个关子。

12岁青春期之后，孩子开始有自己的朋友，他们会彼此忠诚，并且开始思考生命的意义，找寻自己生命的目标。18岁后，他们可能开始谈恋爱，之后建立家庭。40岁后开始对家庭、对朋友、对社会付出关怀。最后步入老年，如孔子所说“七十而从心所欲，不逾矩”，获得一生的智慧总结。

在埃里克森的人格发展理论中，有一个重要的观念，就是人生这八个阶段，不可以随便跳级。每一个阶段都必须好好修炼，不然会把生活节奏打乱。比如，一个孩子还没有建立好安全感，就急着逼他一个口令一个动作，训练孩子摘掉纸尿裤、戒奶嘴、坐餐椅、自主入睡、背唐诗、打招呼……这样很容易导致孩子安全感缺失，跳级失败，甚至造成孩子学习能力低下等不良后果。

又比如说，孩子5岁之前就被父母逼着分享玩具，问题是这个年龄段正在建立自我意识，在孩子的心中，世界是以自己为中心旋转的，他们根本不理解“分享”是什么概念。到了最后，“分享”二字可能会被他们误读为“抢夺”，反而让孩子变成到处抢别人玩具的“小霸王”。

再比如说，5岁前的孩子被迫学习三种语言，外加心算、钢琴、舞蹈、足球……这样会把他的自信心完全击垮。由于此时孩子的大脑还没有发育好，到了真正该上学的时候，孩子反而什么都不愿学，产生典型的“习得性无助”，成绩自然会落后。

习得性无助

习得性无助，就是中国成语“拔苗助长”的同义词，来源于美国心理学家马丁·赛利格曼（Martin E.P. Seligman），他通过一项动物实验模拟总结出了这一理论。（图1–4）

赛利格曼将小狗放在一片金属板上，金属板可以通电，通电时小狗就会被电流击中，但是通电之前警示灯会亮起。如果小狗看到警示灯，赶紧跨到旁边的金属板上，就可以进入安全领域，不被电击。

一开始小狗不知道警示灯的意义，所以被电疼了一两下。但小狗很聪明，很快就学会了，几次之后，它就不会被电击了。

但是如果把规则变得越来越复杂，熄灭警示灯，改用一些难以破解的暗号，让小狗始终找不到规律，久而久之，你猜小狗会怎么做？

图 1-4　赛利格曼“习得性无助”实验

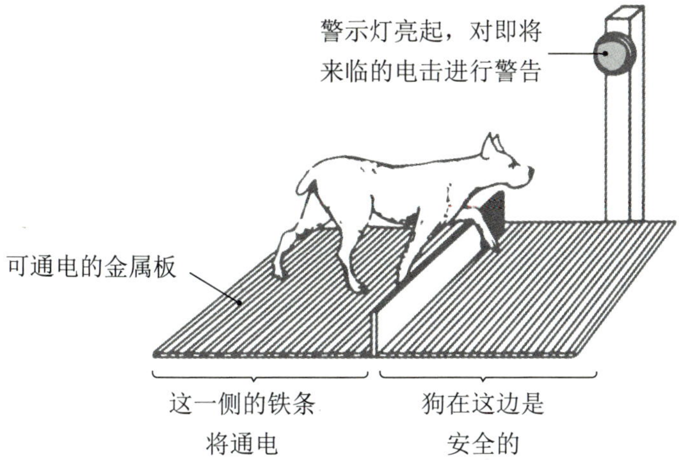

当指令太复杂，超过小狗理解的能力范围时，它会渐渐产生无助感。这种无助感，就是我们刚才提到的“习得性无助”。于是这只本来“聪明”的狗，逐渐变成“习得性无助”的狗，此时再次给金属板通电，它竟然直接趴在电击板上，一动不动地接受电击。它既不逃跑，也不努力寻找躲避电击的办法，你说它不疼吗？它肯定疼。但是它已经放弃了逃跑，反正怎么努力都一样，电就电吧，也就疼几秒钟，一咬牙就过去了。

赛利格曼把这只小狗的实验应用到操之过急的父母或老师头上。这些大人把超过孩子能力的要求加诸孩子身上，在发展进程上拼命想让孩子跳级，但因为任务太难，孩子整天挨批评，甚至挨打。有时侥幸成功，比如孩子突然会自主如厕，突然会算数学，突然说了两句英文，父母立刻错误地给予空泛的称赞：“你好棒！你好聪明！”下次失败了，父母又开始责备孩子：“明明上次会了，为什么这次又不会？”

反复的失败和困惑，完全浇熄了孩子的学习欲望。在孩子看来，无论他怎么努力，都找不到规律，最后终于养成“习得性无助”。（图1–5）此后无论父母怎么打、怎么骂，老师再怎么严厉惩罚或提高奖励，对孩子来说都无关痛痒。他就像那只放弃努力的小狗，趴在电击板上任凭你电击，反正电个几秒钟就会停止了，就算不停止，也已经习惯了，反正逃也逃不了。

图1–5　习得性无助

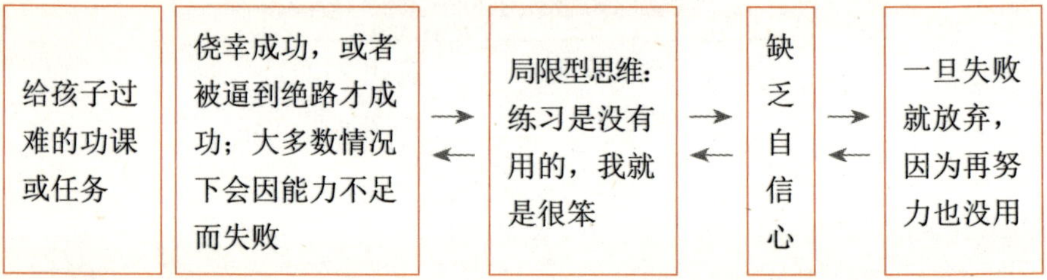

因此，我在这里提醒父母，关心孩子的身心发展是好事，但努力的方向应该是寻求专业的咨询，而非一股脑儿地把焦虑全部投射在孩子身上，给孩子带来不可承受的压力。其实一个人的身心发展到20岁才趋于成熟，来日方长，未来有无限的可能，急什么呢？

第二章

成功育儿的第一步：全家都能睡个好觉

★ 睡眠时长、睡眠周期以及半夜哭闹的原因

★ 睡前仪式：安心地跟孩子说晚安

★ 婴幼儿睡眠训练：给父母一些喘息的时间

★ 母婴同床，有何不可？又为何不可？

★ 功课写不完导致睡眠不足，挑灯夜战成效甚微

★ 别让尿床伤了孩子的心

婴儿睡得稳，父母睡得饱，每个家庭成员都能休息好，这是很多新手父母的最大愿望。研究显示，如果婴儿夜晚睡眠质量不佳，父母的压力指数会相应提高，造成体力透支，白天无法承载高负荷工作，心情也会越来越忧郁。

鉴于婴儿的睡眠如此重要，我们就来讨论一下睡眠问题。如果从婴幼儿阶段起，父母就能掌握孩子的睡眠规律，了解睡前仪式，明确什么时候需要睡眠训练，知道可不可以母婴同床，就能保障每个家庭成员都拥有高质量的睡眠。

不止婴幼儿时期，随着孩子年龄的增长，如果睡眠时间不足，会对孩子的大脑造成较大的伤害，容易导致孩子情绪不稳定，甚至出现注意力不集中、过于好动、记忆力减退、认知能力下降等问题，最终导致孩子的学习能力下降。

所以，睡眠问题对于孩子和整个家庭来说都很重要！

第6课
睡眠时长、睡眠周期以及半夜哭闹的原因

如果这个世界上有一盏“睡眠精灵神灯”，我猜每一位妈妈应该都会这样许愿：第一，宝宝躺下后快点睡着；第二，半夜不要总是醒来要奶吃或哭闹；第三，一整天的睡眠时间都充足。

要达成上述三个愿望其实并不难，但在教大家具体方法之前，还是要请大家先认真学习一下什么是“睡眠周期”。

昼夜睡眠比例

孩子出生后，大脑对昼夜的分辨能力是因为光线的诱导而培养出来的。白天，阳光照射到宝宝的眼睛，这会给大脑传递“现在是白天”的信号，接着宝宝的生物钟基因得到调整，激素分泌也开始以生物钟为依据，以昼夜不同的节奏来进行，慢慢才养成“白天不想睡，晚上睡得多”的人类生活习惯。

新生儿出生时，刚从较黑暗的子宫里出来，因此他们暂时还没有昼夜

的概念，几乎是白天睡一半，晚上睡一半。（图2-1）很多妈妈说，自己家的新生儿都是白天睡觉，晚上不睡觉。但如果你真的给宝宝的卧室架个摄影机，真实记录宝宝全天的睡眠时间，就会发现其实他们是白天睡一半，晚上睡一半。父母之所以会有“宝宝晚上不睡觉”的错觉，是因为宝宝干扰了父母晚上宝贵的睡眠时间，导致他们精神不佳；而白天宝宝睡觉时，大人是清醒的，他们就会感觉宝宝的睡眠时间特别长。

图2-1　儿童昼夜睡眠时间比例图

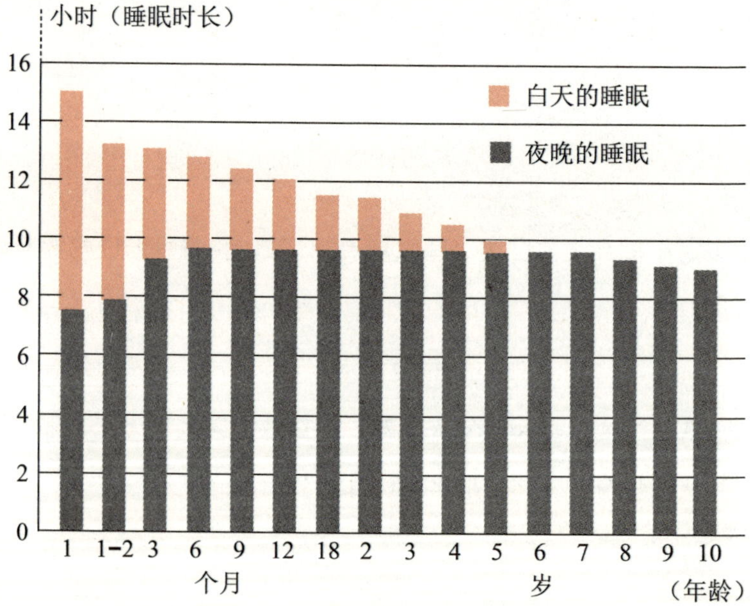

大概到3个月大的时候，宝宝晚上的睡眠时间基本上能达到总睡眠时间的三分之二，白天睡三分之一；6个月以上的宝宝，白天可以只睡两次觉；1岁半之后，某些宝宝睡一次午觉就足够了。

一天要睡多少小时

刚才说的是昼夜睡眠比例，那么睡眠总时长呢？在新生儿时期，宝宝的睡眠时间个体差异非常大！有些婴儿可以一天睡18小时，而有些婴儿一天睡12小时就够了。但不论是谁家的宝宝，随着年龄的增长，一天需要的睡眠总时长会逐渐减少。

总而言之，3岁之前的孩子，每天至少要睡12小时；3～6岁的孩子，每天最少要睡11小时；6～12岁的孩子，每天至少要睡10小时；上了中学以后，一天也至少要保证8个半小时的睡眠。（表2-1）

表2-1　睡眠时长对照表

年龄	新生儿 0～1个月	婴儿 1～12个月	幼儿 1～3岁	学龄前 3～6岁	小学生 6～12岁	中学生 12～18岁	成年人
睡眠要求小时	12至18	12至15	12至14	11至13	10至11	8.5至9.25	7至9

前面已经提到睡眠对于大脑发育的重要性，在这里，我还想特别强调：关注孩子的睡眠时长，不能仅局限于学龄前儿童，孩子上学后睡眠时间更要有保障！保证孩子有足够的睡眠时间，是一场将持续18年的长期战役，千万不要半途而废。

有关睡眠不足可能造成的大脑伤害，会在本章后半部分进行更详细的解释，在这里我们先来认识什么是“睡眠周期”。

认识睡眠周期

人类的睡眠并不是大家想象中“一条直线”式的从头睡到尾，事实上，无论大人和小孩，一个晚上都会经历好几个睡眠周期，从浅眠进入深眠，从深眠又回到浅眠，如此周而复始。（图2-2）

睡眠周期是生物的本能。在蛮荒时代，人类的祖先如果像冬眠一样深睡不醒，那么半夜有可能被狮子老虎叼走了还浑然不知，这就太危险了。所以人类的睡眠周期是深睡浅睡交替进行的，即便在睡梦中也保持一定的警惕性。如今，即使生活环境发生了很大改变，人类依然延续着祖先的睡眠周期。因此每当回到浅层睡眠时，宝宝就会睁开眼，抬起头，看看自己所处的环境是否安全，如果感觉很安全，他就可以安心地进入下一个熟睡期。

图2-2　睡眠周期示意图

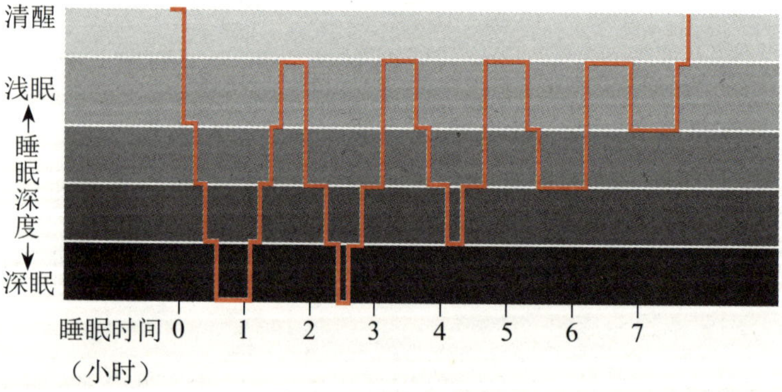

在所谓的熟睡期，很多婴儿会上演“多尔滚”“回旋踢”，甚至“倒栽葱”等动作戏，不过不要担心，这些动作都不会中断睡眠。尽管他们半夜

上演了“全武行”，等到白天自己却完全没有印象，这跟梦游很像。如果在这个睡眠阶段把他们叫醒，则会导致他们情绪激动或意识混乱。

在浅眠期，如果是成年人，可能只是翻个身；但是婴儿处于浅眠期，也许就真的“清醒”了。婴儿的睡眠周期特别短，大约40分钟到1小时为一个周期。宝宝晚上醒来四五次，是很正常的频率。每个婴儿的睡眠周期都不同，很多妈妈互相比较之后，会抱怨：“为什么别人家的孩子一次可以睡一个半小时，我家的宝宝睡个午觉40分钟就醒？”孩子先天睡眠周期长短就不一样，要耐心等他们慢慢长大，睡眠周期就会逐渐延长，在浅眠期也不会那么容易醒了。

一个晚上，婴儿会有四五次浅眠转醒，这时候他们可能会用找奶吃、哭泣、找妈妈、让妈妈抱等方式安抚自己，让自己可以顺利进入下一个睡眠周期。不管宝宝用什么方式度过这个浅眠期，基本上都指向同一个需求：宝宝想要回到刚睡着时的安全状态。

如果宝宝是吸着奶嘴睡着的，晚上浅眠转醒，他就会想着：“我的奶嘴呢？”然后大哭。如果这时你把奶瓶塞进宝宝嘴里，通常他吸两口就又睡着了，那就表示他并不是真饿，而只是在寻求刚睡着时的安全状态。

如果宝宝是你抱着他摇晃到睡着的，那么晚上每一个浅眠期，宝宝都会突然惊醒，心里想着：“怎么没人抱着我？怎么没人摇晃我了？”然后大哭。只有你抱着他摇晃，他才能进入下一个睡眠周期。他不是脾气大，只是想寻求刚睡着时的安全状态。

所以我们可以得出一个结论：睡前仪式的最后一个步骤，也就是让宝宝正式入睡的那个状态，必须是父母半夜可以轻易达成的动作，这样才不会让自己筋疲力尽。如果宝宝是母乳喂养，妈妈就尽量选择躺着喂奶。这样一来，半夜宝宝醒来的时候，才可以轻松地让他喝上奶，顺利进入下一个睡眠周期。如果妈妈坐着喂奶，把宝宝喂到睡着，半夜你就必须不断地坐起来喂奶，那么，这样持续两个星期，你就会疲惫不堪了。

无法安抚的前半夜啼哭（3个月以下）——胃食道反流、婴儿肠绞痛

浅眠期哭泣的宝宝通常会睁开眼睛，明确地想要回到睡着时的状态，这种啼哭通常发生在后半夜。但有些婴儿前半夜也会啼哭，通常是闭着眼睛哭，而且不论父母怎么安抚，他们就是安静不下来。

婴儿半夜尖叫大哭，不一定是睡眠障碍引起的，有时是因为身体不舒服造成的，比如说穿得太多、室内太热，或者是婴儿胃食道反流。很多父母认为，睡前让宝宝吃饱一点，晚上可以睡得比较安稳，所以，睡前父母通常会往奶瓶里多加两勺奶粉，但不是每个宝宝的胃都能装得下这么多奶。吃撑的宝宝睡着时，可能会不停地扭动身体，甚至在前半夜大哭大叫，因为胃食道反流让他们觉得不舒服。解决方法是：睡前不要加大喂奶量，宝宝夜里就不会哭了。

另外，不满3个月的婴儿，医生时常用“婴儿肠绞痛”来解释半夜哭闹的毛病，但这一定义其实并不清晰也不准确。婴儿肠绞痛这一说法其实来源于古代，那时候的医生看到小婴儿在哭时，腹部肌肉紧绷，脚踢得厉害，就说“你看你看，婴儿的肠胃在绞痛”。

但是仔细想想，婴儿腹部肌肉绷得很紧，用力踢腿，都只是正常哭泣时的表现。婴儿肚子大大的，拍起来咚咚作响，是因为哭久了，吞了很多空气进去，而不是因为胀气，也绝对不是拍嗝没拍彻底。甚至有研究指出，婴儿肠绞痛也许跟肚子痛一点儿关系都没有，只是一种焦虑的表现。因此

当宝宝哭累了，睡饱了，醒来依然吃喝不误，白天一点儿异常状况也没有。

美国儿科医生哈维·卡尔普（Harvey Karp）针对孩子的哭闹发明了五个妙招，我把它们翻译为“包、摇、吸、侧、声”，很有安抚效果，大家可以试试看：

- 包：用包巾紧紧包住宝宝。
- 摇：像跳华尔兹般缓慢摇晃宝宝，千万不要高频率拍打，或是用力抖动。切记：爸妈越紧张，宝宝越感到焦虑。
- 吸：让宝宝有东西可以吸。母乳最棒，奶嘴次之。
- 侧：让宝宝侧身躺在爸妈的怀里。
- 声：将收音机调到没有频道的白噪音状态，或是打开吸尘器、吹风机等，让它们产生杂音。这种声音和宝宝在子宫里听到的声音很像，会让他们以为重新回到了子宫，从而获得安全感。

但少数婴儿的哭闹真的是因为肠胃出了问题，可能会伴随食欲不佳、腹胀、轻度腹泻或便秘等症状。如果发现这样的情况，请母乳喂养的妈妈吃健康天然的食物，少喝咖啡、茶、可乐等饮料，少吃零食、乳制品、补品以及中西药物等。如果宝宝吃配方奶，则需要更换奶粉，具体问题父母应该咨询儿科医生。

除了某些益生菌可缓解肠绞痛之外，几乎没有其他药物对婴儿肠绞痛证实有效。不到3个月的婴儿，如果哭泣超过两小时，完全没有停止，或者使用上述方法安抚均无效，或者伴随发烧等症状，请尽快就医。

无法安抚的前半夜啼哭（6个月以上）——夜惊、觉醒混淆

还有一种情况，宝宝半夜闭眼尖叫大哭的状况被称为“夜惊”，或叫“觉醒混淆”。通常这种夜惊有几个特点：

* 大哭的时间发生在夜晚的前三分之一，发作时间固定。
* 孩子是闭着眼睛哭，而且无法被安抚。
* 哭完之后，孩子很快就睡着了，之后睡得很安稳。

夜惊跟大人的梦游类似，都是发生在熟睡期，也就是夜晚的前三分之一时期，孩子尖叫时并没有意识，事后也不记得。除了尖叫之外，夜惊也可能伴随呼吸急促、心跳加速、盗汗等症状。另外有些孩子在生病发烧时，也特别容易有夜惊的现象。

夜惊并不是生病，而是一个正常的睡眠过程，如果没有吵到家人和邻居，其实只需轻轻安抚、耐心等待，孩子会自然而然地停止哭闹。在夜惊的熟睡期，如果父母硬生生地把小孩叫醒，反而会让他哭闹得更厉害。所以当孩子夜惊时，只要眼睛没有睁开，没有找人抱抱，能够继续睡，通常不会哭闹超过半小时。

如果夜惊已经干扰了家人和邻居的休息，这里有一些方法可以帮助减少孩子夜惊的次数：

* 每天的睡眠时间尽量规律。
* 睡眠环境尽量固定，不要经常换来换去。
* 尽量降低孩子白天的焦虑情绪，这些压力有时候来自于家庭，

有时候来自于学校，或者来自于刺激的电视节目或电子游戏。

* 有些感冒药物，也会引发夜惊的现象。
* 还有一个大绝招，就是先观察孩子每天发生夜惊的时间，然后在发作之前大约半小时，轻轻叫醒孩子，给他喝杯水，或换个尿布，再让他回去睡。这样就可以成功跳过夜惊的那一个睡眠周期，之后孩子就可以安安稳稳地睡到天亮。

第7课

睡前仪式：安心地跟孩子说晚安

★★★★★

上一节课讨论的是孩子睡眠中发生翻滚、哭闹等问题，这一节我们要讨论入睡困难的问题。有些婴幼儿不爱睡觉，睡觉前总要跟父母耗上半天，东翻翻、西滚滚，就是不肯把眼睛闭上，气得父母火冒三丈，却又无可奈何。

然而，如果把睡觉比喻为一天之中孩子与父母最长时间的分离，我们就能理解为什么孩子不愿意睡觉了。孩子知道，一旦闭上眼睛，就看不见爸爸妈妈了，所以他尽其所能地让自己保持清醒，摇头晃脑，大声唱歌，都是在告诉父母，“我不想睡，还想多跟你们玩会儿”。

人与人之间任何形式的分离，都会有个表达思念的仪式，所以，睡觉前也可以由父母主导开始一个亲子的暂时分离仪式。一场认真的睡前仪式，是为了让孩子觉得安心，并且感觉一天可以在美好、幸福的气氛中画上句号。

睡前一小时，开启睡前仪式

睡眠仪式没有标准方式，大致就是在夜晚入睡之前一两小时，亲子之间做一些规律的活动，比如说：七点洗澡、喝奶、刷牙，七点半讲故事或聊天，八点关灯、按摩、亲亲，然后睡着。既然是“仪式”，就尽量每天保证在固定的时间、固定的地点，以固定的顺序进行，让孩子有规律地进入想睡觉的状态。

睡前仪式中，尽量不要安排太剧烈的活动，比如说在床上翻跟头、讲很好笑的笑话等。还有一点，就是必须杜绝电子产品，包括平板电脑、计算机、手机、电视等。家里若有冷白光的灯，也务必熄灭，改为暖色系的光源，因为白光中也含有大量的蓝光光波，蓝光会让孩子的大脑误以为是白天，分泌较低的褪黑激素，造成入睡困难。

进行睡前仪式时，父母一定要把注意力集中到孩子身上，把手机收起来，放下所有杂事，专心地享受亲子时光。如果白天处罚过孩子，或者对孩子吼叫责骂过，可以趁睡前告诉孩子“我爱你”。孩子有任何害怕的事情，比如说父母之间的吵架，在睡前仪式中也可以向孩子解释清楚，让孩子知道父母已经和好了，或者告诉孩子，父母吵架不是因为你不乖，并不是你的错。

用心付出，比方法更重要

美国宾夕法尼亚州立大学教授道格拉斯·泰帝（Douglas Teti）在研究睡前仪式的成功因素时发现，成功的秘诀就在于母亲是否能感受到宝宝微妙的动作，并且给予回应。

他对一组容易入睡的母子进行了观察——母亲抱着6个月大的婴儿喂

母乳，只要宝宝发出声音，母亲就马上发出响应，告诉宝宝：“妈妈知道啦。”当宝宝偷偷地睁开眼睛瞄一下，妈妈总是微笑地看着他。这些响应都令宝宝安心，他很快就睡着了。

另一个案例是，当孩子对睡前故事失去兴趣时，妈妈立刻感受到孩子的不耐烦，用翻页、换一本书或停止说故事等方法来回应，这都可以让睡前仪式事半功倍。

睡前仪式之所以失败，通常是妈妈读着故事，孩子已经不耐烦地跑下床，但妈妈又硬把孩子拽上来，一定要让他把故事听完。这样的睡前气氛非常糟糕，孩子当然不肯睡觉。其他失败的原因还包括家长自己玩手机，与孩子没有眼神交流，或者放孩子不喜欢听的音乐、讲孩子不喜欢听的故事，有的妈妈甚至还播放语言教学音频，这些都不是好的睡前仪式。

很多父母在网络上搜寻专家分享的让宝宝入睡的绝招，包括触觉刷、按摩脚底……结果发现别人成功的方法，自己做起来并没有用。其实睡前仪式的重点根本不在于方法，而在于父母有没有“用心陪伴、用心付出”，有没有积极回应孩子的需求。

调整时差的方法：早起

有些婴儿因为睡前仪式还没有形成规律，导致真正睡着的时间被延后好几小时。到了早上，妈妈心疼孩子没睡够，就让他继续睡，结果午觉时间也被延后，晚上又再度上演“我还不困，不想睡”的连续剧。

调整混乱的生物钟的做法，其实跟出国旅游调整时差一样。我们唯一能掌控的只有起床时间，只要坚持固定时间起床，相关作息就会自然而然得到调整。

如果宝宝晚上11点才睡着，凌晨3点起来玩，5点又入睡，一直睡到第二天中午，下午再睡午觉，然后晚上又11点才睡，这样周而复始，睡眠规律就会一直混乱下去。在这种情况下，父母可以先规定好起床时间，比如早上8点准时起床。时间确定之后，不管宝宝几点睡着，早上8点都把他叫醒，到公园散步，开始一天的活动。这样，他的午睡时间也会提前，而因为午睡时间提前，晚上的入睡时间也会提前。几天之后，“时差”就调回来了，9点开始启动睡前仪式，10点就能安然入睡。

第8课
婴幼儿睡眠训练：给父母一些喘息的时间

★★★★★

目前欧美的育儿主流是让孩子早点跟父母分开，自己睡小床，因此很流行所谓的“婴幼儿睡眠训练”。我们身边也有很多妈妈在网络上发《宝宝自己睡小床，妈妈的好日子来了》之类的炫耀文，然后告诉其他妈妈：“哎呀，只要你狠下心，宝宝就会找到方法自主入睡，你看我家宝宝……”

训练婴儿入眠，可以提高妈妈的睡眠质量，宝宝半夜也基本不会醒，这听起来真的很吸引人！可是，婴幼儿的睡眠训练真的有效吗？训练多久能看到效果呢？

社会文化的差异，放大了婴儿的睡眠问题

当新手父母碰到半夜不断醒来、无法安睡的婴儿，第一个解决办法通常是翻书，或者问自己的妈妈。结果妈妈说：“你小时候半夜一直哭的时

候，我就抱着你哼歌，然后坐在藤椅上，不知不觉你就睡着了。”

咦，怎么跟书上写的不一样？书里说：“婴儿应该单独睡觉，哭的时候要让他自己安静下来，不要过度干预，要让他学习自己睡着。如果你介入太多，婴儿就永远学不会自主入睡，以后你就必须天天安抚他睡觉。”这下好了，两种方法南辕北辙，新手父母该听谁的呢？

事实上，“婴儿分房单独睡觉”是西方工业革命后才出现的文化产物。其实在世界范围内，不同的民族中，大多数家庭还是采用“亲子共眠”方式。甚至这几年在推行母乳政策之后，美国亲子共眠的家庭比例也逐年增加。

亲子共眠的拥护者认为，妈妈和婴儿睡一张床，是人类最原始、最天然的睡眠模式。亲子共眠可以实时反馈婴儿的需求，随时哺喂母乳，并且能建立良好的母子亲密关系，稳定婴儿的情绪。

然而反对亲子共眠的主张也并非毫无道理。比如说，亲子共眠的婴儿半夜起来“要求拍、要奶吃”的概率比较高，自我安抚入睡的能力较差，睡觉前也会很麻烦，总是扭来扭去不肯睡，让父母很烦躁。

虽然同床共眠的婴儿半夜醒来的次数的确比较多，但世界上有没有一个标准数值，告诉我们婴儿夜里醒几次以下是正常的，几次以上是不正常的呢？答案当然是没有。如果你任何教养类文章都没看过，而在你居住的地区，身边所有人都采取亲子共眠，躺着进行母乳喂养，婴儿一个晚上起来喝五次奶，而大家都认为这非常正常，也没人抱怨，在这样的文化氛围中，你还会觉得自己的婴儿特别难入睡、特别磨人吗？当然不会。

所以，西方教养文化的输入，其实是导致父母对婴儿睡眠问题感到焦虑的首要原因。

婴幼儿睡眠训练

有这么一句谚语:“妈妈不开心，全家不开心。”若婴幼儿半夜醒来的次数与频率已经让妈妈难以承受，导致妈妈情绪低落、抑郁、暴躁，在这种状况之下，其实训练婴儿自主入睡，似乎也没有什么不对。

婴幼儿的睡眠训练，英文叫作 Behavioral Sleep Intervention（BSI），在教大家怎么做之前，我必须再次强调，并不是每个婴幼儿都需要进行独立睡眠训练。如果婴幼儿的夜醒哭闹没有严重干扰父母的睡眠，妈妈一点儿都不会因为半夜进行母乳喂养而困扰，翻个身就可以继续睡觉，在这种情况下，根本就不需要刻意训练。

小于3个月的婴儿

千万不要在宝宝刚一出生就企图训练他自主入睡。根据罗马大学医生奥利维耶罗·布鲁尼（Oliviero Bruni）的研究，想要建立婴儿自主入睡模式，在3～6个月之间进行训练，是比较好的时机。他发现3个月前就开始接受自主睡眠训练的宝宝，到1岁时半夜醒来的频率反而更高，睡眠质量并不好。但是如果3个月之后再开始训练，效果就好得多。

这项研究结果也符合社会学上所谓的“依附理论”，即保护前3个月宝宝大脑安全感的原则。因此，想建立婴儿自主入睡的模式，3～6个月是训练的好时机。对于3个月以前的宝宝，家长先不要去想训练睡眠的事，而是先建立哺乳模式以及婴儿的安全感。

我在这里给家长提供一些让自己变得轻松的方法:

* 躺着进行母乳喂养，不要坐着喂。

* 边喂边休息，睡着也没关系。
* 母婴肌肤相贴，最多穿一件衣服，天冷的话可以开暖气。
* 婴儿的胃大小不同，每隔二、三、四小时吃一次都有可能，不要强求，顺其自然。

3～6个月的婴儿

对于3～6个月的婴儿，可以开始试着进行睡眠训练。如果妈妈已经被折磨了3个月，依然觉得很痛苦的话，这些方法可以试试看：

* 不要让宝宝抱着奶瓶睡，趁宝宝想睡但是仍然醒着的时候，就把他放在婴儿床里。还记得我们说的睡眠周期吗？如果宝宝睡着的时候在吃奶，他醒来的时候就期望着自己是在吃奶；如果宝宝睡着前最后的记忆是在妈妈怀里，他醒来的时候就期望着自己在妈妈怀里。所以趁宝宝还醒着的时候，就要将他放在他该睡觉的地方。
* 刚放下的时候宝宝可能会哭，那么可以抱他、摇他，让他情绪稳定，但仍然要在还没睡着之前，把他放到婴儿床上。
* 试着半夜不要喂奶，如果宝宝哭，可以拍拍他，暂时不喂奶，看看他的反应。如果宝宝饿得受不了，夜奶还是可以喂，但是逐次减少30～50毫升的奶，或者在大人快要就寝之前加喂一次，但不要刻意增加喂奶量，以免宝宝胃食道反流。
* 宝宝半夜哭闹时，可以稍等一下，让他试着安抚自己。如果宝宝半夜感到害怕，平静地安抚他，小声地哼歌或说话，切

忌心浮气躁，太过剧烈的摇晃或者拍打都会让宝宝更加紧张和焦虑。

* 可以使用安抚奶嘴。

6个月～3岁的幼儿

6个月之后，有些婴儿会进入“分离焦虑”期，当初可以自主入睡的婴儿，突然之间变得非常黏人，不肯自己睡，睁开眼就一定要找妈妈。这时候父母可以试试这些方法：

* 固定每天的就寝时间。
* 建立良好的睡前仪式。
* 可以使用玩偶、安抚巾或安抚被。
* 如果半夜宝宝哭得太厉害，可以握着他的手，同样保持平静，不要讲太多话或开灯，握到你觉得他已经平静下来为止。
* 对于分离焦虑情绪严重的孩子，训练了两周依然不见效，或许可以放弃训练，让他回到妈妈的床上。让宝宝得到足够的安全感是最重要的，等他到了可以接受单独入睡的年龄，再进行睡眠训练，这比强行要求孩子单独入睡要好得多。

第一天晚上婴幼儿平均哭泣43分钟

美国四所大学共同发表的一项研究结果表明，婴幼儿睡眠训练有一定的成效。有六百多名婴幼儿父母自愿加入问卷调查，记录他们的睡眠训练经验。大部分家长都是在宝宝6个月左右开始对其进行训练。第一晚通常最难熬，宝宝平均哭43分钟，哭累了才入眠。不过，经过一周的训练之后，宝宝哭泣的时间减少到仅仅8分30秒，并且只有5.2%的父母还处于高度焦虑状态。

两周后，宝宝几乎都能成功自主入睡，晚上基本不会醒，而且基本可以睡在自己的房间或小床上。宝宝的夜醒次数从三到四次减少到零或一次，半夜喂奶的次数也明显减少。总而言之，几乎所有参与问卷调查的家长都感觉到：二到四周之后，自己和宝宝的睡眠质量都提高了。

要让婴幼儿睡好，没有标准答案，只有适合你的答案

数据归数据，科学归科学，但当我在诊室解决婴幼儿睡眠问题时，仍然会先把重点放在父母身上。我会观察，来问诊的母亲是焦虑的还是平静的，父亲在婴幼儿睡眠的问题上持什么态度，这个家庭对宝宝安然入睡的标准是什么，婴幼儿是否进行母乳喂养……这些问题都是我在给予睡眠建议之前需要了解的重要信息。

我也会建议很多妈妈："今晚开始，你恢复躺着哺乳，亲子共眠，宝宝一哭，你就喂奶，他吃他的，你睡你的。"很多妈妈听了松了一口气，如释重负。她们终于可以抛下那些令人困扰的罪恶感——好像没有让孩子戒夜奶的妈妈就不是好妈妈（这种指控甚至来自丈夫），重拾为母则强的自信。别人也许会问："这样一个晚上起来三五次，不累吗？"但对一位母亲来说，半夜一直起来安抚哭泣的孩子更累，躺着喂奶，至少让她不必半夜起身。

当然，对于喝配方奶的宝宝来说，如果一直要妈妈半夜起来冲奶，还是非常辛苦的。所以对于某些家庭而言，我反而建议全家人稍微把对宝宝的关注程度降低，借助睡眠训练，让宝宝在有限的陪伴之下自主入睡。这

样父母可以好好休息，进而缓解因睡眠不足而濒临崩溃的家庭气氛，各退一步，皆大欢喜。

在训练过程中，我们也必须尊重宝宝的先天气质，以及他对依附感的需求程度，以此来订立最终的目标。有些宝宝只要睡在自己的小床上就会感到安全，这样的宝宝当然是简单训练一下就可以了；有些宝宝可能要看到妈妈才能入睡；有些宝宝则要摸到妈妈才能入睡；有些宝宝甚至要抱到妈妈，吸到母乳才感到安心。所以父母要根据自己宝宝的需求，设定彼此都能接受的界线，看宝宝是否能接受这种程度的安抚而自主入睡，这些都要尝试之后才知道。

其实任何教养都是过犹不及，如何把握好度，是为人父母最重要的课题之一。有一次我到一个家庭出诊，他们夫妻对孩子厉行“单独房间、单独入睡”的政策，孩子在父母实行自认为效果非常良好的睡前仪式之后，就不能再走出房门了。如果孩子中途忍不住，跑到爸妈的卧室，就会被爱的小手打一下，然后被赶回自己房间。这对夫妻说，有一天早上看到孩子遵守约定，站在自己房间门口，一直等父母起床后，才敢踏出自己的房门，他们感到非常满意。

听到这个故事，我和一些专家都惊呆了。我们不知道那个孩子是几点起床的，更不敢想象他在房门口究竟站了多久，默默流了多少眼泪，才终于盼到爸爸妈妈走出卧室。这种死板的睡眠训练，可以说是毫无人性，也严重影响了亲子间的依附关系，对孩子的大脑是一种残酷的伤害。所以，请不要这样训练孩子。

第9课
母婴同床，有何不可？又为何不可？

★★★★★

在上一节课，我提到并非每一个家庭都需要采纳婴幼儿睡眠训练，这一训练是推荐给自身睡眠受到严重干扰的父母。这一节我们就来讨论另一个性质相反的话题，那就是“母婴同床”。母婴同床现在似乎已成为新手父母的尴尬话题，因为有专家警告，母婴共眠会增加婴儿猝死的概率，所以妈妈们很惶恐，好像跟孩子在一起睡觉就很危险。母婴同床真的会造成这么严重的后果吗？

母婴同床是人类的本能

如果把眼光放大到哺乳动物的世界，看看狮子、老虎、小猫、小狗，应该不需要我多说，你就能自己得出结论——妈妈和宝宝一起睡，是天经地义的事。撇开哺乳动物不谈，从人类文明角度出发，我们会观察到大部分亚洲国家和地区的传统习俗也都是以母婴同床为主。在韩国、日本的传统文化中，母亲与婴儿分开睡觉，甚至代表着冷血和弃养。

母婴分房睡的育儿方式，约出现于一百多年前，从欧美的育儿文化开始转变后推行。现代人认为，“婴儿睡小床”是理所当然的事，而这一百年来的育儿常规——从哺喂母乳转为使用奶瓶，配方奶变成婴儿的主食，搭配婴儿睡小床、使用奶嘴等——其实经历了巨大的变革。加上一些研究的推波助澜，给母婴同床贴上“容易造成婴儿窒息”的标签，使得婴儿睡小床的育儿趋势变得似乎势不可当。

然而在现实生活中，许多妈妈并不想与宝宝分开睡，也不觉得跟宝宝一起睡有多辛苦。与生俱来想贴近宝宝的母性与文化或舆论导向之间的矛盾，让妈妈们感到困惑。

这些妈妈的声音，在返璞归真的母乳运动中成为主流。

关于减少婴儿猝死的研究

在20世纪末，美国儿科医学会为了减少婴儿猝死的发生率，开始大力推广仰睡运动，且获得极佳的成效。之后，更多研究触角渐渐延伸至其他可规避的导致猝死的危险因素，比如父母吸烟、危险床垫以及母婴同床等。许多研究显示，母婴同床似乎会增加一些婴儿猝死的概率，但这些研究的时间长短差异大、质量良莠不齐，很难得出科学的结论。

2016年3月，《睡眠医学评论》杂志发表了荷兰莱顿大学与著名的伊拉斯姆大学医学中心在过去40年深入全世界各地进行调查所完成的98篇研究论文，以期能让大家更加了解母婴同床的危险性。

不出所料，这些研究结果显示，在亚洲与非洲家庭中，母婴同床基本上是常态，其比例高出欧美国家好几倍。因此，对不同国家的或是对同一国家不同族群的研究结果，时常是南辕北辙，一致性并不高。

为什么研究结果会一团混乱呢？一个婴儿致死的案例，可能不只是因为母婴同床，还要加上过软的羊毛床垫、沙发、枕头，没有哺喂母乳等各种可能性，或者家长本身有服用安眠药、喝酒、抽烟等其他不良习惯，各种因素叠加在一起，最终导致婴儿窒息。有些婴儿猝死案例通常是由于“家长平常没有和宝宝一起睡，今天出于某种原因忘了把宝宝放回婴儿床，结果就发生了憾事”。在统计的归因上，这些特殊的案例会通通归于母婴同床，仔细想来，这并不科学。

还有一个最大的矛盾，就是不同国家的研究结果不同，尤其是亚洲国家的研究结果，跟欧美国家的研究结果就有很大的出入。美国本土的研究结果也不一致：非裔的美国妈妈为了避免宝宝趴着睡，干脆跟宝宝睡在一起，结果婴儿猝死的概率竟然减少了。这样得出的结论到底是好还是不好呢？

母婴同床的建议

支持母婴同床最强而有力的证据，就是亲喂母乳的成功率。所有的研究结果一边倒地显示，母婴同床可以延长3倍的母乳哺喂时间，第二名则是宝宝睡在妈妈旁边的小床上，最糟糕的就是宝宝自己独自睡在婴儿房。总之就是宝宝睡得离妈妈越近，哺乳就越容易成功。

在如此多的争议声中，让我为妈妈们整理一些有价值的信息，并总结一下我个人的看法。我认为母婴同床在下列情况下，应该是安全的：

* 进行母乳喂养
* 宝宝不趴睡
* 家里没有人吸烟

* 妈妈没有吃药或喝酒
* 床铺干净，没有过软的床垫，也没有厚重的棉被、玩具或者多余的婴儿枕头

符合上述五条标准的家庭，让宝宝每天跟妈妈一起睡，方便哺乳，是安全的。必须注意的是，在这个议题中，父婴同床并没有被纳入讨论。有些研究发现，父亲跟宝宝在一起睡的时候，互动其实非常少，所以也许真的会因此而放松警惕，压到婴儿而不自知。

总之，出于哺乳的原因而进行母婴同床，或是让婴儿睡在旁边的小床上，应该是没问题的。但是如果妈妈觉得和宝宝同床会整夜失眠，导致极度疲惫与抑郁，那么分开睡也没什么不好。跟很多妈妈讨论过睡眠问题之后，我的感触是：在没有上述危险因素的前提下，请爸爸不要插嘴，亲人不要多嘴，我们也不要管别人家的闲事，让妈妈自己决定该怎么做吧！与生俱来的母性，会让妈妈自然而然地做出最适合自己的决定。

第10课 功课写不完导致睡眠不足，挑灯夜战成效甚微

前面详细介绍了3岁之前婴幼儿的种种睡眠问题，而通常在孩子3岁之后，这些问题就渐渐消失了。3岁后的孩子，因为大脑更成熟了，拥有所谓“物体恒常性”概念，知道早上起床之后，爸爸妈妈不会消失，世界也会照常运转，因此之前的睡眠问题，大多能慢慢得到解决。

孩子在3岁之前，父母通常极度重视婴幼儿的睡眠时长，希望孩子每天一定要睡至少12小时，差一分钟就会感到焦虑不安。但奇怪的是，孩子上幼儿园之后，家长忽然就好像变了一个人，只在乎功课、才艺，不在乎孩子的睡眠时长了，导致儿童睡眠时间不足成了普遍问题。

睡眠不足会对孩子的大脑造成巨大的伤害，可能导致情绪问题、注意力不集中与多动症、记忆力减退、认知能力下降、学习能力下降等。因此在这一课，我会做详细说明。

睡眠不足，当心影响大脑发育

我的母亲一直认为：只有睡得好，身体才会健康；只有身体健康，成绩才会好。

为了确保我的睡眠充足，从小学到高中，母亲强制我必须准时上床睡觉。每到就寝时间，她不只是口头碎碎念而已，而是“啪”的一声，把房间里所有的电灯都关了，站在门口等我躺下，无视我的抗议。哪怕明天是期中考、期末考、模拟考，甚至是联考，母亲始终如一，每天紧盯着我，唯一的目的，就是希望儿子睡眠充足。一直到我考上大学之后，她才终于不再强迫我早睡，只剩下口头劝诫。

父母都知道，睡眠充足对孩子身体的发育非常重要。睡眠影响身高、心智发展以及健康，尤其在儿童与青少年时期更是如此。美国国家睡眠基金会有一条这样的建议：6～12岁的小学生，每天需要10～11小时的睡眠；13～17岁的中学生，每天需要8.5～9.5小时的睡眠。家中有学龄儿童的家长请自己算算，你的孩子睡够了没有？

根据统计，许多青少年夜间都睡不到上述的时长。每次我建议家长让孩子多睡一会儿，家长们都会摇摇头说“做不到”，然后开始抱怨孩子做完作业已经晚上10点，动作再快也要11点上床，早上6点多又要起床，根本睡不够8小时。

这样的学习方式真是本末倒置。孩子晚上睡眠不足，白天上课就无法集中注意力；上课没听懂，晚上作业完不成；晚上做作业时间长，睡得太晚又导致睡眠不足，学习能力变得更差——这是一种恶性循环。美国睡眠医学会2016年的青少年睡眠大调查结果显示，夜间睡眠总时长低于7小时的青少年，其平均学习成绩都相对落后，换句话说，睡不好等于成绩不好。

如果周一到周五熬夜，周末补觉，会有帮助吗？答案是没有。根据美国《儿科医学杂志》对美国青少年的睡眠方式调查显示，青少年这种周末补觉的方式，会对情绪造成不良影响，对智力发展也没有起到弥补的功效。

挑灯夜战并没有成效

曾有研究显示，学生只要连续3天睡不够9小时，就会下降到两年前的智商。每天晚睡1小时，语言测验成绩就会下降很多……

白天做不出来的数学题，到了晚上再做一次，还是做不出来。但是晚上做不出来的数学题，睡一觉之后，解答出来的概率可以高达60%。千万不要认为睡觉是浪费时间，睡觉其实是在潜意识里思考，可以解答白天想不通的难题。

美国的某所中学为了让孩子多睡一小时，规定上学时间延后一小时。这项政策实行一年之后，在老师没有更换、教材没有更新的前提下，全校所有学生的数学平均成绩竟然提高了50%，英语成绩提高了80%，抑郁症的发病率也明显减少。

感谢我的母亲，在40年前就开始帮助我睡好觉。现在我的孩子也已经上学了，每天睡觉时间一到，全家人都会拔掉电源插头，收起电子产品，关灯，只期望能保证孩子的睡眠时间。睡得好，才能学得好。

第11课
别让尿床伤了孩子的心

★★★★★

尿床？尿床应该是学龄前儿童的事情吧！前面讲到青少年要好好睡、睡够时间，怎么又跳回来讲学龄前儿童的尿床问题呢？

如果你是这么想的，那就大错特错了。孩子5岁之前尿床，这没什么好讨论的，有三分之一的5岁孩子都会尿床，一点儿也不稀奇。但如果到了6岁还尿床呢？ 7岁还尿床呢？如果你家的孩子到了15岁还在尿床呢？

世界遗尿日

有个特别的日子，叫作“世界遗尿日”，是由国际儿童尿控协会以及欧洲儿科泌尿科学会共同设定的。这个日子听起来有点儿搞笑，遗尿日？这么一件微不足道的事，为什么需要特意强调呢？

很多人误以为尿床是学龄前儿童才会有的毛病，长大后的孩子不应该再尿床。根据统计，3岁时有40%的孩子会尿床，到了6岁时仍有10%的孩子会尿床，甚至12岁的初中生当中还有3%偶尔会尿床！（图2-3）换句话说，有很多孩子年纪已经不小了，依然有尿床的困扰，只是父母不会大肆宣扬这种事情而已。

图2-3　3～15岁孩子尿床比例

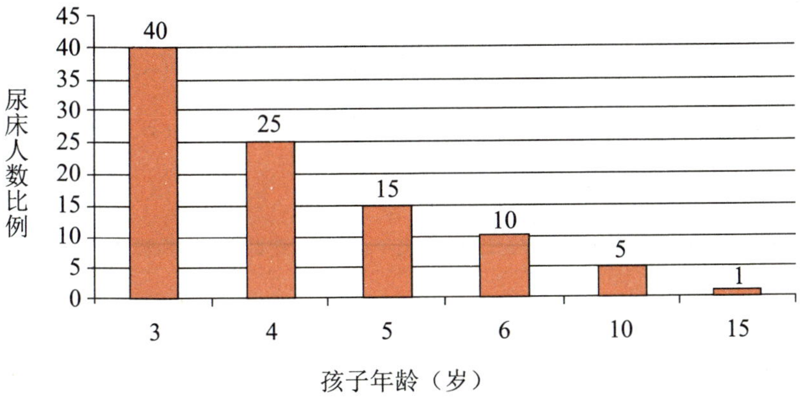

（数据来源：Nocturnal enuresis: current concepts. Pediatr Rev. 2001 Dec; 22(12): 399-407. doi: 10.1542/pir.22-12-399）

尿床不是训练就有成效

必须承认，过去我也认为尿床问题只要“多加训练”就可以解决，直到我的诊室来了一位已经16岁依然尿床的年轻女孩，我的观念才改变了。16岁了，想想看，你曾经听说过、看到过或尝试过的所有训练方法，她妈妈都使用过了，却通通无效——睡前不喝水、白天灌水训练膀胱、冥想练习、半夜调闹钟、打骂等。这位年轻女孩静静地坐在诊室的椅上，听母亲细数这么多年来的无奈，她的头越来越低，一直不吭声。

如果尿床光靠训练就能控制，今天这个女孩就不会这么难过了。但医学研究表明，尿床其实是大脑生理上未成熟所导致的，跟有没有决心或意志力一点儿关系也没有。尿床的原因有两个：第一，半夜肾脏制造尿液太多；第二，大脑唤醒中枢尚未发育成熟。

人类的脑垂体会分泌一种物质，叫“抗利尿激素”。抗利尿激素，顾名思义，就是可以让肾脏“对抗”利尿，减少尿液的产生。成熟的大人夜间抗利尿激素的分泌量会增多，所以半夜的尿量就会减少，让我们一夜安眠；但是儿童因为大脑尚未发育成熟，夜间抗利尿激素不足，分泌的尿量过多，膀胱不够装，再加上唤醒中枢尚未成熟，所以就会尿床。

因为是生理因素造成的，所以尿床也有家族遗传性：很多尿床比较严重的孩子，如果追溯到他们父母的小时候，通常也是比较晚才不尿床的。

尿床不是病，别让尿床伤了孩子的心

既然仍有3%的孩子到了12岁大脑中枢还未成熟，父母就更不应该再为孩子尿床的事搞得全家乌烟瘴气。有许多研究表明，如果尿床的孩子长期承受家人给予的压力，可能会导致自信心受损，引起注意力不集中、成绩退步与行为冲动等问题。你知道吗？同样的尿床问题，在荷兰、新西兰、瑞典这些强调个人主义文化氛围的国家，因为家长用积极的态度来面对，孩子就可以完全不受尿床影响，仍然拥有自信心与正向的行为能力。因此我可以得出结论：父母对尿床事件的无限焦虑，才是导致孩子出现专注力不足以及行为偏差等问题的首要原因。

一个孩子到了小学甚至中学还尿床，仅仅是大脑生理上尚未发育成熟的结果，并不是“不听话”或者“懒惰”引起的。但是，家长如果错误地把尿床解读为“丢脸的事”，把莫名的焦虑传递给孩子，那么孩子感受到的就只能是无助，并因而心情低落，从而导致专注力与情绪控制出现问题。

除了尿床的问题，吃饭规矩、如厕训练、语言训练、才艺训练、运动训练……父母在面对孩子其他方面的困境时，不也常常陷入同样的误区？这些暂时无法达成的技能，都不是病，却因为父母急于求成，伤了孩子的心！在孩子的自信心瓦解之后，就会产生连锁反应，如孩子注意力不集中、成绩退步、行为冲动等。

面对孩子尿床，我们可以这样做：

- ⭑ 在孩子就寝前，提醒他半夜如果想尿尿，及时起床去厕所。
- ⭑ 睡前两小时尽量不喝水，睡前尿尿，把膀胱排空。
- ⭑ 如果早上起床尿不湿还是干的，就奖励小贴纸一张。
- ⭑ 若能连续七个早晨尿不湿都是干的，表示孩子的大脑已经发育成熟，可以不穿尿不湿睡觉了。事先预告连续七日成功的超级大礼物，让孩子有强烈的动机，期待自己抛开尿不湿的那一天。
- ⭑ 一旦连续七天都成功，大奖也已经兑现，尿不湿就别再穿了。如果偶尔失误，可以跟孩子一起清理隔尿垫和床单，绝对不要羞辱和谩骂。
- ⭑ 如果有其他家人无法配合，仍然整天数落孩子，或由于参加夏令营，孩子要和朋友在外过夜，可以让孩子睡前吃一颗“抗利尿激素”，保证晚上不夜尿。

有下列状况的时候请小心，孩子可能不是一般程度的尿床，建议赶快就医：

* 尿尿会痛。
* 小便的力量很微弱。
* 白天也经常尿裤子。
* 一直喝水，永远觉得很渴，尿频。
* 新出现的尿床问题。

第三章

抱得太多，长大后会过分依赖？认识0~3岁孩子的情感需求

★ 亲吻孩子是愚蠢的吗？行为主义的百年之恶

★ 依附关系的过去、现在和未来

★ 3岁前的安全型依附关系，决定了未来的学习能力

★ 建立宝宝的安全型依附关系的五项原则

★ 代养者的重要性：不能只靠一个人照顾婴儿

第12课
亲吻孩子是愚蠢的吗？行为主义的百年之恶

★★★★★

有一天，我看到一则头条新闻，标题是《EB病毒主要通过唾液传播，家长切勿抱着孩子猛亲》。点击进入文章后，相关链接又跳出另一个标题：《亲吻孩子传播幽门螺旋杆菌，造成儿童胃出血》。身为医生的我，对这样的危言耸听深感无奈。

可不可以亲吻自己的孩子？当然可以。这两则新闻中提到的EB病毒和幽门螺旋杆菌所引发的症状都是较为严重的，在儿童身上发生这种症状的概率，大概比中彩票大奖还要低。就算真的发生了，及时诊断也可治愈；如果因此就不亲近孩子，实在是得不偿失。

不要亲，也不要陪睡？

你知道吗？其实在一百年前就有医生提倡“不要亲吻孩子”，而且不要随便抱孩子，不要跟孩子一起睡觉。美国儿科医生路德·埃米特·霍尔特

（Luther Emmett Holt）医生1907年出版了一本畅销育儿书——《如何喂养儿童》（*The Care and Feeding of Children*）。在这本书里，一百年前的霍尔特医生是这样建议的：

> 不要随便亲吻孩子，以避免疾病交叉传染。孩子睡觉的时候应该睡在自己的婴儿床上，父母不要摇他，摇他会养成不良习惯，应该让孩子自己入睡。5个月大的孩子如果好好训练，晚上撑8小时不喝奶绝对没有问题，半夜不需要喂奶。

几乎在同一时期，英国也有一本畅销育儿书——《妈妈的育儿手札》（*The Wife's Handbook*），作者也是一名儿科医生，名字叫亨利·奥尔巴特（Henry Allbutt）。奥尔巴特医生对于婴儿的睡眠，是这样建议的：

> 孩子跟父母同床一起睡，很不健康。喂奶之后，应该把婴儿推到大人床边的小床上，不要使用摇篮，在宝宝醒着的时候，就放在床上让他自主入睡。如果孩子哭的话呢，不用理他，久而久之他就学会自主入睡了。在孩子睡觉的时候，房间里也不需要太安静，该有的声音就让它响，让孩子习惯在大人工作的声音中入睡……

一本英国畅销育儿书，一本美国畅销育儿书，内容大同小异，其实是有历史背景的。因为当时微生物学蓬勃发展，人类对于各种疾病有了新的认识，过去的经验被推翻，取而代之的是细菌、病毒、抗生素、疫苗等现代医学观念。在这样一个医学大发展的时代，儿科医生也试图重新检视传统育儿行为，包括亲吻、拥抱、哺乳、母婴同床等，并慢慢建立起一种新的育儿文化。

打造一个理想中的孩子？

20世纪初，行为主义盛行，母亲出于本能照顾孩子的行为，常常被心理学家解读为软弱、愚昧、不科学。所谓的行为主义，就是相信“人类的任何行为模式，都可以通过有效的训练得到改变”，比如说巴甫洛夫训练的狗，经过反复制约之后，听到铃铛声就会流口水。他们认为，这样的模式可以完全复制到人类的各种行为上。

因此行为主义心理学家认为，教养儿女非常简单，只要比照巴甫洛夫训练狗的方法，就可以塑造出父母想要的孩子。行为主义心理学大师约翰·华生（John Watson）在他著名的《婴儿和儿童的心理学关怀》（1928年）一书中，就曾经狂妄地宣称：

> 给我一打健全的婴儿，让你随机选出一个，无所谓他们的天赋、倾向、能力、祖先与种族，由我来亲自打造，保证能将其训练成任何类型的人物——医生、律师、艺术家、商人或者乞丐、窃贼。

约翰·华生在书中暗示，无知的父母总是感情用事，让孩子在情感上过度依赖父母，导致这些孩子将来成不了大器。因此，让孩子与父母分房睡，是训练他们独立的第一步。接下来只需要按部就班，棍子与红萝卜交替上阵，假以时日，必然能成功。

一百年后的今天，历史上这些行为主义的论调，在许多妈妈眼中，依然是非常吸引人的！行为主义的育儿方法，就像驯兽师对付野兽一样，规范婴儿的生活作息，每四小时喂一次奶，哭了不要抱，睡觉要分房……父母生完孩子之后，可以完整地保留原本的人生，无须因为孩子而改变自己的作息，让孩子自己找到生命的出路，磨炼出独立的意志，这就是行为主义的精髓。

行为主义在育儿的过程中的确有可取之处，适当使用可以让育儿之路更有效率。但是拿它来对付3岁前的婴儿，真的可行吗？不会对孩子造成无法逆转的伤害吗？

你也是相信行为主义的母亲吗？

要判断一位母亲是否是“行为主义的信徒”，从她们问的问题或答案中就可以略知一二：

> 为什么我的宝宝不能自己安然入睡？不是说好可以8小时不喝奶吗？
>
> 我训练宝宝每4小时喝一次奶，可是他隔3小时就一直哭怎么办？
>
> 宝宝不乖乖喝奶，每次都要喂1小时才能喝完，怎么办？
>
> 戒奶嘴（或吃手）可以在上面涂辣椒吗？还是涂黄连、芥末？
>
> 小孩会用假哭来威胁我，所以他哭我就不抱，不哭我才抱。
>
> 小孩吃饭不肯坐餐椅，每餐都要吃一两个小时，我规定他没吃完不准下桌。

爸爸妈妈们回想一下，你们的挫折感是否也曾经来自这些“圭臬”，并因此把自己压得喘不过气来？

不论制定这些规矩的理由是什么，是出于健康的考虑，还是为了迎合社会礼节的规范，或是因为某个莫名其妙的传统，首先让我们好好替孩子想一想：这些事情有这么急迫吗？身为一位专业医生，我可以保证，没有任何医学研究证明婴儿必须夜里8小时不喝奶、每4小时喝一次奶或3岁前一定要戒奶嘴。“天下本无事，庸人自扰之”，这是我对于3岁前这些所谓的规矩做的批注。

相信行为主义的父母时常会觉得孩子“应该”怎样怎样，当现实不如预期时，就会产生沮丧与愤怒的情绪。你了解你家的孩子吗？他的胃容量有多大，你测量过吗？他的大脑是属于听觉敏感，还是视觉敏感？他的性格属于网络九型人格的哪一种？他的手眼协调能力好不好？肌张力发展到哪个阶段了？你不知道，也不可能知道，因为婴儿就是婴儿，他还无法准确表达自己的需求与困难。

在父母实施行为主义教养方式的时候，如果我们没有一颗敏感的心，不能敏锐感知到“糟糕，我的孩子好像遇到困难了”，而是一意孤行，只知道按规矩要求孩子，不仅会让婴儿承受无法承载的压力，影响其心智发展，甚至会让亲子依附关系出现裂痕。

3岁之前，只有性命攸关的决定可以遵循行为主义

在孩子3岁之前，几乎没有什么事情重要到必须破坏亲子关系，立即“调教”孩子。极少数的例外，都是性命攸关的决策，比如说上车使用汽车安全座椅。

在车上必须让婴儿坐安全座椅，这是关系到孩子生命安全的举措，这种时候父母就不需要妥协，可以无视婴儿的抗议，让他乖乖待在座椅里。不过父母们也不能冷眼旁观，任凭婴儿哭泣，而是可以坐在婴儿身旁逗逗他，给他唱歌，给他递奶嘴，尽力让婴儿坐座椅时别那么难过。我们也可

以趁孩子睡着的时候上车，这样他一觉醒来就抵达目的地了，或者在家里先让婴儿适应坐安全座椅的感觉等，这些都是“富有同理心的行为主义”，是折中的做法。

我再试着列举一些在3岁以前应该让孩子遵守的规矩：

* 6个月之内婴儿不应趴着睡。
* 接种疫苗等医疗行为。
* ……

我的确想不出其他的了。你一定会说：“黄医生，还有很多啊！比如说厨房很危险，他只要进去我就打他；还有电线插座，只要他去碰，我一定大声喝止……”

你说得没错，这些场所或装置很危险，但在小孩出生之前，新手爸妈有9个月的时间可以进行居家准备，早就该在厨房设下安全护栏，早就应该把危险的刀具锁起来，早就该把餐桌布收起来，不让婴儿有机会把它扯下来……如果你不清楚如何为孩子打造安全的居家环境，可以在《黄瑽宁医生陪你健康育儿》一书中，按照建议一项一项地处理。

孩子跟小狗不一样，小狗的智力最多只能达到人类3岁时的水平，所以必须靠巴甫洛夫的训练，才能让它们掌握人类的生活规则（比如说不随地大小便等）。但是我们的孩子会长大，会渐渐懂道理，可以听懂大人的话，有什么需要训练的生活规范，3岁之后再慢慢教，一点儿也不用急。

20世纪后半叶，人们逐渐认识到婴幼儿时期就下猛药的行为主义育儿观之恶，因此这种育儿理念逐渐被淘汰，取而代之的是亲子依附关系理论。什么是依附关系，在下一课，我来向大家详细介绍。

第13课
依附关系的过去、现在和未来

在上一课我曾经提到，行为主义心理学派在过去这半个世纪逐渐被淘汰，取而代之的是亲子的依附理论。心理学家发现，在婴幼儿时期，父母与孩子之间的依附关系好或不好，会直接影响儿童的心智发展、自信心与挫折忍受能力，以及多年后的恋爱与婚姻幸福。也就是说，如果你希望自己的孩子获得幸福，那么，从现在开始，你就要与孩子建立起一种安全的依附关系。

依附理论的萌芽

依附理论，是19世纪英国发展心理学家约翰·鲍比（John Bowlby）提出的。在20世纪40年代，鲍比辅导了一群少年犯，他发现这些孩子不仅喜欢偷东西，而且对于任何人都不信任，人际关系非常淡漠。在好奇心的驱使下，他对其中44个孩子进行了访谈，由此得知这些孩子的童年大多是与母亲分开的，甚至是被母亲遗弃的，于是他将这些访谈的内容整理为一篇文章——《44名青少年小偷：他们的性格和家庭生活》。在这篇早期的研究报告中，鲍比提出了现代依附理论的雏形：童年时期亲子依附关系的好坏，会影响他们未来的性格与人际互动能力。

这个观念在现代人听起来，似乎不是什么大不了的发现，然而在那个行为主义当道的年代，这却是划时代的新学说，并因此遭到许多心理学家的嘲笑。正如我上一课中提到的历史渊源，当时，婴幼儿时期的亲子关系并不被专家重视，医生教导妈妈早点儿训练孩子自己睡觉，不要抱不要摇，上学后最好让孩子住校，这样才能磨炼出独立自主的坚强人格，这是20世纪初育儿的主流思想。

约翰·鲍比反对这种做法。通过观察，他发现从婴儿时期一直到儿童时期，如果孩子与母亲（或其他可依附的家人，比如说父亲、祖父母等）能建立起温暖、亲密而且长久的关系，对于孩子大脑的多项发展都有益处。同理可推断出，如果照顾者长时间与婴儿分离，再次见面时婴儿表现出的生气、愤怒，甚至对照顾者拳打脚踢等行为，正代表着他因分离焦虑而由爱生恨的情绪发泄。

“分离焦虑”一词，现代父母非常熟悉，其实就是来自鲍比的学术论文。

依附关系的三种类型

约翰·鲍比是依附理论的鼻祖，而使依附理论发扬光大，并因而坐上依附理论第二把交椅的，是他的学生玛丽·爱因斯沃斯（Mary Ainsworth）。1953年，因为丈夫被外派到乌干达工作，玛丽·爱因斯沃斯放下伦敦的学术研究，远赴东非乌干达的坎帕拉城。

态度积极的爱因斯沃斯决定就地取材，观察一下非洲妈妈的育儿方法。她每两周拜访同一个家庭一次，在长达9个月的时间里，一共搜集了26个家庭的母婴相处模式。经过她的归纳整理，爱因斯沃斯提出了母婴关系中重要的三种依附类型：安全型依附、焦虑型依附与逃避型依附。

在爱因斯沃斯设计的“陌生情境”实验中，可以初步区分出这三种依附关系类型的婴儿气质，如果你的孩子年龄刚好在1岁到1岁半，你也可以自己试着进行判断。

把这些被观察的婴儿放在房间里，请主要照顾者暂时离开，由陌生人代为照顾几分钟，然后这位主要照顾者（通常是妈妈，以下由“妈妈”代称）再度出现，根据婴儿的反应，来判断他属于哪一种依附关系。

* 安全型依附：当妈妈离开时，婴儿呈现可接受的哭泣状态；但在妈妈回来之后，婴儿在妈妈的怀抱中快速地得到安抚，然后可以继续玩。
* 焦虑型依附：当妈妈离开时，婴儿有强烈的分离焦虑表现；妈妈回来之后，婴儿虽然想要抱抱，却对妈妈拳打脚踢，甚至咬人。
* 逃避型依附：当妈妈离开时，婴儿会四处张望，寻找妈妈；但是等妈妈回来后，婴儿却对妈妈的抱抱没什么反应，甚至还会逃避。

爱因斯沃斯的研究发现，出生后前3个月，如果婴儿经常被抱，反而在1岁时不太黏人，而且更容易建立母婴的安全型依附关系。另外，享受母乳喂养的妈妈（请注意，重点在“享受”，而不是“被迫”），也比较容易带出安全型依附关系的婴儿。

除了时常被抱、母乳喂养之外，若父母在婴儿3个月之前不设下太多规矩，愿意多认识婴儿，多猜猜他们在想什么，尽力地去响应孩子，那么孩子在1岁时，就较少哭闹，表情比较多，手势比较多，发出的声音也比较多。

总而言之，养出安全型依附关系的孩子的关键，就是将母婴关系的主体由“母亲”转移到“婴儿”，妈妈愿意用心去聆听孩子的心声，并且响应孩子的需求，母婴之间就能形成良好的默契。有了安全的依附关系之后，孩子在安全感中成长，情绪才会更稳定，人际关系也会更好。

依附关系研究得到的结论，狠狠地反击了行为主义心理学派的观点。

妈妈怎么对待我，我就怎么对待爱人

不仅如此，婴儿时期亲子的依附关系还会进一步影响孩子将来谈恋爱时的亲密关系。心理学家发现，童年时期被定型为不安全依附关系的孩子，长大之后也会用类似的方式对待自己的婴儿以及伴侣爱人。康奈尔大学的辛迪·哈赞（Cindy Hazan）教授与加州大学的菲利普·谢弗（Phillip Shaver）教授比照三种婴儿依附关系，对应到男女的恋爱关系中，发现两者竟然有高度的相关性。（表3-1）

表3-1　依附关系关联性

依附类型	婴儿依附行为	爱情依附行为
安全型依附	当妈妈离开时，婴儿呈现可接受的哭泣状态；但在妈妈回来后，婴儿在妈妈的怀抱中快速地得到安抚，然后可以继续玩。	与另一半相处时会感到心安，当对方难过时会给予安慰与支持，自己难过时也会主动寻找另一半诉苦。两人分离时，可以专注于自己的生活，而不会感到焦虑。

续表

依附类型	婴儿依附行为	爱情依附行为
焦虑型依附	当妈妈离开时，婴儿有强烈的分离焦虑表现；妈妈回来后，婴儿虽然想要抱抱，却对妈妈拳打脚踢，甚至咬人。	与另一半分离时会心神不宁，做什么事都不对劲，不停地给对方打电话，对方不接甚至会歇斯底里。见到另一半回来时，心里明明很开心，却一定要说一些伤人的话，把对方推开。
逃避型依附	当妈妈离开时，婴儿会四处张望，寻找妈妈；但是等妈妈回来后，婴儿却对妈妈的抱抱没什么反应，甚至还会逃避。	假装自己很独立，有需要时不愿寻求帮助，另一半有情绪时也倾向于袖手旁观。会批评别人的亲密关系是软弱的表现，极度不信任另一半，潜意识中渴望良好的依附关系，但一直在逃避这份渴望。

为什么婴幼儿时期建立的依附关系影响得如此深远？其背后的原因并不难理解。

一个脆弱的初生婴儿，一天之中要发出很多次生理或心理的需求信号，包括“我饿了、我累了、我害怕、我会痛”等。但婴儿不会说话，必须由照顾者主动回应，猜测婴儿在想什么，进而解决婴儿的困扰。反复执行多次之后，婴儿的大脑就会产生被爱与接纳的安全感，慢慢进入潜意识，大脑就套上了一层“抗压保护伞”。在未来的人生中，他就算遇到感情的波折，在这层保护伞之下，肾上腺素的分泌也不至于太高，大脑就可以保持理智，不会做出伤害他人或伤害自己的事。

而处于不安全型依附关系中的婴儿，虽然也同样发出需求信号，但出于“训练”的目的，他们的需求被照顾者刻意忽略或否决，因此婴儿的大脑无法得到满意的回馈，久而久之便对分离产生强烈的焦虑与不安全感，在面对分离时又哭又闹，或者走向另一个极端，干脆放弃被回应的期待，成为亲密关系中的“逃避者”。

恋爱的本质是什么？青少年为什么想要谈恋爱？其实就是在与父母分开的过程中，重新寻找一种新的亲密关系。而人生中第一个亲密关系，就是婴儿和父母之间建立的亲情。如此关键的亲密之旅，若最终形成焦虑型依附关系或逃避型依附关系，孩子长大之后就很可能继续错误地将这种依附关系投射到另一半以及自己的下一代身上。

除了伤害别人之外，青少年的自残行为也同样令家长心疼。根据这几年欧美国家的统计，青少年自残行为逐年增加，除了用刀片割伤皮肤之外，还包括拔毛、自己打自己等。曾经有自残行为的青少年，更容易罹患药物滥用、酗酒等成瘾疾病（高出平均水平34倍），自杀率也高出平均水平17倍。

自残行为之所以产生，是人们希望利用身体的痛楚来对抗更难以忍受的心理痛苦。为什么青少年自残行为比例越来越高？有些人会将其归咎于媒体的渲染、课业压力太大、人际关系挫折、抗压能力下降……但其实自残行为真正的源头同样来自儿童期不安全的依附关系。

2013年，海德堡大学在《精神病学研究》（*Psychiatry Research*）中发表的研究成果显示，曾被父亲家暴的孩子，在青少年时期自残行为会增加2.4倍；若母亲对孩子表现出厌恶感，这样的孩子到青少年时期自残行为会增加6.8倍！在依附关系的建立上，妈妈似乎比爸爸更具影响力。丹麦的另一项为期15年的研究也显示，父母离异会导致青少年的自残行为增加2~5倍，影响力可长达15年之久，甚至延续到成年之后。

有条件的爱，就是不安全型依附关系的肇因

建立婴儿时期的安全型依附关系很重要，但度过婴儿期之后，学龄前

儿童的父母也要知道，如果让孩子误以为父母是“有条件地爱他”，也会让孩子产生不安全的依附关系。

3岁的孩子，已经上幼儿园三个月了，但每天早上到了校门口，还是哭哭啼啼的，总要反复确认：“妈妈你会来接我吗？你会第一个来接我吗？”即便妈妈再三保证，孩子依然面露恐惧，不肯放开妈妈的手。

经过调查之后，我们发现，原来孩子的妈妈虽然很爱他，却习惯于将孩子的好行为当作交换条件：“如果你现在乖乖听话，我才会抱你。”“你如果想要A，就必须做好B，我才会给你A。”久而久之，孩子永远不敢确定：“今天我的表现够好吗？能够换取妈妈准时来接我放学吗？”他总是担心妈妈不会再出现。

5岁的小安，坐在餐桌前掉眼泪，妈妈说没吃完青菜不准下桌。母女俩僵持了一小时后，妈妈说：“算了，不吃就收起来！”小安听了，竟没有破涕为笑，反而放声大哭，叫喊着：“我吃得完！你不可以收！”

在小安的心里，她知道“只要吃完青菜，就能讨好妈妈”。但是，她的身体却对青菜痛恨到了极点，即便只吃一口也难以下咽。小安希望得到妈妈的爱，但这份爱却必须要先承受痛苦才能得到，这样的矛盾让她呆坐在餐桌前，不知该怎么办。当妈妈收走青菜的时候，小安惊觉妈妈可能要把“爱”收回去，所以放声大哭，希望妈妈把青菜留下来。这是一个无解的难题。

根据统计，拥有安全型依附关系的人口比例大约是60%。当然，并非所有未来的亲密关系问题都归咎于童年的阴影。或许孩子过去的亲子关系不尽完美，人生路上若能幸运地遇上对的人，谈一场美好的恋爱，或许也可以扭转亲密关系的状态。

但是父母们可以想一想，为什么我们要将下一代亲密关系的主导权，交给未知的其他人呢？孩子现在就在身边，和我们朝夕相处，他们的情感与婚姻幸福，此时此刻正掌握在我们父母的手里。我们不能再继续忽视孩子对依附感的需求，而且事不宜迟，让我们从孩子婴幼儿时期就开始帮助他们建立安全型的依附关系吧。

> 最初爱因斯沃斯使用的分类是安全型依附关系、不安全型依附关系和尚未确定型依附关系，后来才演变为目前常用的这三种依附关系。后续的心理学家又总结出第四种依附关系——混乱型依附关系。处在这种类型的依附关系中，孩子最为悲惨，童年时爱他们的家人，却也是鞭打他们、伤害他们最深的人，导致他们会像飞蛾扑火一般，错乱到无法分辨被爱与痛苦。这类人最容易被困在家暴中无法自拔，抑或成为施暴者。

第14课
3岁前的安全型依附关系，决定了未来的学习能力

★★★★★

在上一课中，我说到了3岁前安全型依附关系培养的重要性，在接下来的这一课中，我来说说亲子间的亲密关系对孩子学习能力的影响。

在崇尚“学霸”的华人世界里，很多父母都迷信各种早教资源，期望孩子赢在起跑线上。你或许也听过许多早教术语，比如说左右脑开发、启蒙教育，或者各种号称可以刺激手眼协调的玩具等。但是这些琳琅满目的商品，真的经过科学方法的认证了吗？

猴子大师哈利·哈洛

正如我上一课提到的，20世纪初行为主义的盛行，导致当时的育儿风潮是“训练”大于“疼爱”。很多心理学家觉得“爱”这个字太抽象，既风花雪月又虚无缥缈，也无法用科学方法来验证。就在这一阵鄙视母爱的风潮中，有一位勇敢的心理学家出现了，他叫哈利·哈洛（Harry

Harlow）。哈洛对人类最大的贡献，就是用科学的方法，将抽象的母爱概念转换成可测量的“量”。他研究的对象，是与人类最相近的灵长类动物——猴子，他最著名的实验，就是“铁丝妈妈与绒布妈妈”。

哈洛养了一群小猴子，并且设计了两个妈妈的替代物。其中一个是“绒布妈妈”，身包白色绒布，顶着小猴子喜欢的布偶猴子脸，体内塞满软乎乎的棉花——唯一的缺点是身上没有奶瓶，不能喂饱小猴子。另外一个是“铁丝妈妈”，全身用铁丝捆绑而成，用挖了两只眼睛的四方形的盒子当作脑袋，看起来很吓人；但是在它的胸口，放了一个可以喂饱小猴子的奶瓶。

俗语说“有奶便是娘”，按行为主义心理学家的看法，小猴子理论上应该会选择认铁丝妈妈为母亲，毕竟只有跟着铁丝妈妈才能吃饱。然而万万没有想到，小猴子宁可饿肚子，也要依附在柔软的绒布妈妈身上，实在饿得不行了，才跳到铁丝妈妈身上，吸两口奶，又立刻回到绒布妈妈身旁依偎着。（图3-1）小猴子究竟是被绒布妈妈的哪一个部分所吸引呢？哈洛发现，原来是绒布妈妈那张温柔的脸。

图3-1 小猴子的选择

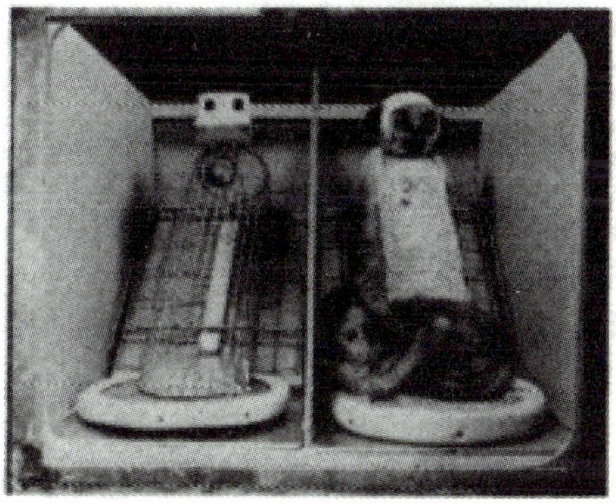

注：图片来自《美国心理学家》（*American Psychologist*），13，673-685。

哈洛凭借这个实验告诉大家：巴甫洛夫训练的狗，或许听到铃铛声就会流口水，但是人类的本能不仅仅被食物所驱使，他们更需要的是笑容、拥抱以及爱。铁丝妈妈身上的奶瓶再怎么诱人，对小猴子而言，都比不上绒布妈妈那张温柔的脸。

给小猴子温暖，它才有勇气探索

随着小猴子渐渐长大，它们开始对这个世界充满好奇，想要东摸西摸，就像人类的孩子一样。哈洛设计了一间游戏屋，放了各种玩具，让小猴子在里面自己探索玩耍。小猴子每玩几分钟，就会回头张望，看看绒布妈妈在不在。见到了妈妈的脸，它心里就踏实了，便继续玩耍。如果小猴子看不见妈妈，探索的欲望就会降低，变得有点儿心不在焉。

在这个游戏屋中，有一个会发出爆炸声响的玩具，如果小猴子因为好奇打开盒子，就会发出"嘭"的一声巨响，小猴子会被吓得吱吱乱叫。这时候如果绒布妈妈在现场，小猴子就会一个箭步冲回妈妈的怀抱，然后回头看看到底是什么东西这么可怕。（图3-2）观察一小段时间之后，如果没有出现新的爆炸，小猴子就会从绒布妈妈身上爬下来，继续探索和玩耍。但如果爆炸声响起时绒布妈妈不在现场，小猴子失去依附的对象，就只能害怕地缩在地上，低着头，连眼睛都不敢睁开，很久之后都没有勇气再出发去探索。（图3-3）

哈洛凭借这个研究，证明母亲的陪伴可以帮助小猴子克服恐惧，让它变得更有胆量，充满探索世界的勇气。不知道妈妈们现在脑海中是否浮现出了许多画面。我想起当年送孩子上幼儿园的情景。最初几天，家长们可以站在教室后面观看。当时，儿子频频回头看我，我差点儿脱口而出："不要看我，专心上课！"现在回想起来，孩子是想从我身上汲取

图3-2 绒布妈妈在现场

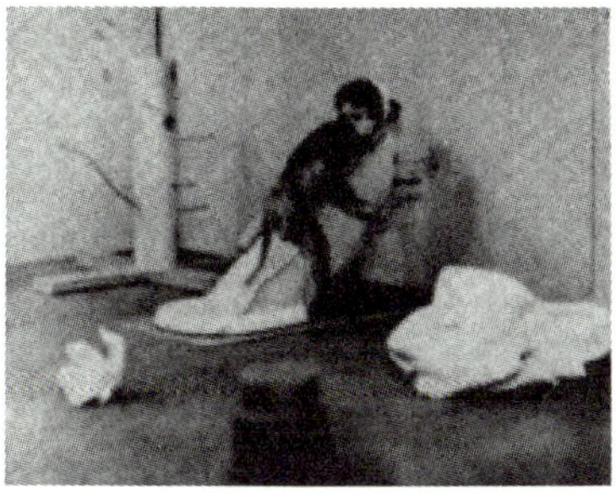

图3-3 绒布妈妈不在现场

注：图片来自《美国心理学家》(American Psychologist)，13，673-685。

继续探索的勇气，幸好我并没有残忍地拒绝他的需求。

上学时间太长，孩子容易对父母发脾气

我小女儿两岁多的时候，看哥哥上幼儿园很羡慕，整天吵着也要去。我妻子认为这样也不错，自己还可以轻松一些，就把她送去了托儿所。女孩语言能力果然较强，在托儿所表现良好，老师也很喜欢她。但渐渐地，我们发现，小女儿和我们夫妻间的亲子关系变得越来越糟糕。

每天下午4点放学回家后，女儿就开始对妈妈颐指气使，动不动就大发脾气，情绪很容易失控。她行为退化得越来越严重，一回到家就黏着妈妈不放，吃饭要人喂，不愿意洗澡，晚上睡觉也变得很难安抚。她嘴上说不喜欢上托儿所，早上出门时心不甘情不愿，但是到了托儿所后，她还是可以转换心情，开开心心地玩，是老师眼中独立乐观的好孩子。

我妻子心思敏锐，感觉到女儿的安全感每况愈下，过去两年好不容易建立起来的安全依附关系正在一点一滴地流失。于是她当机立断，将女儿转出托儿所，换到家附近一个英语培训中心，每天上半天英语课，中午就可以接她回家。大约过了两周，我那贴心可爱的小女儿又回来了，乱发脾

气的事件越来越少，我们之间的亲子关系也大大改善。

这个故事就像是小猴子实验的延伸，虽然女儿已经两岁多，不需要时时刻刻都见到妈妈，但是在学校探索的时间太久，一整天都看不到妈妈，神经紧绷的时间太长，大脑就无法正常思考。当她见到妈妈时，也就从安全型依附关系转变为焦虑型依附关系，对妈妈又打又咬。

事实上，3岁以前的孩子，通常也只能忍受与母亲分离大约半天的时间，除非孩子可以与老师建立良好的信任关系，否则上课时间太久，对孩子来说真的是压力太大了。

不只是3岁以前的孩子，学龄儿童的大脑也需要一个温暖的家，可以让他们时常为情感充电，再去面对学校每一天的新挑战。我有一位小病人，自从上了小学，每天放学后继续上课外班，晚上6点多才能见到妈妈，8点钟就要上床睡觉。这个孩子每天晚上睡觉前都要跟妈妈吵架，而且由于分离焦虑的缘故，类妥瑞症（妥瑞症，指因脑基底与脑皮质之间的联系出现问题，导致出现慢性、反复、半不自主的动作及言语上的抽搐，如眨眼、脸部扭曲、耸肩、不自主出声等。约50%～70%的妥瑞症与遗传有关）发作一直无法痊愈。后来这位妈妈听从了我的建议，不再让孩子上课外班，放学准时把孩子接回家，跟孩子一起安安稳稳地吃饭，轻轻松松地聊聊天。就这样，孩子的心被安抚了，安全依附感也建立起来了，他的睡眠问题自然而然得到改善，类妥瑞症也不药而愈。

美国明尼苏达大学心理学家拜伦·埃格兰（Byron Egeland）曾经追踪了一群分别属于安全型依附关系、焦虑型依附关系与逃避型依附关系的孩子。他发现儿童时期属于安全型依附关系的孩子，上学之后几乎没有学习障碍问题；反之，属于焦虑型依附关系的孩子上学之后，87%在学习上会遇到困难，而且依附关系对学习能力的影响可以持续很久，甚至一直延续到孩子上高中。

所以，最好的早教，不是带孩子上什么智力开发课程，而是给予孩子一个有安全依附感的家庭。不论你家的孩子多大，请你理解：幼儿需要先有稳定的安全感，才能在未来的人生中激发出学习欲望。所以就算父母再疲惫，当孩子需要从你的关爱中汲取探索的能量时，请记得要向他微笑与挥手。

第15课
建立宝宝的安全型依附关系的五项原则

★★★★★

3岁前的幼儿要培养安全型依附关系，其实步骤非常简单，只要遵循下面的五项原则就可以了：

* 正向思考
* 抓大放小
* 甜言蜜语
* 抚触拥抱
* 回应需求

正向思考

我曾在网络上看到一则视频，一个1岁半的孩子在地上哭，妈妈拿着录像机偷拍。孩子哭了几声，回头见不到妈妈，收起了哭声四处寻找，走着走着找到了妈妈，立刻又一屁股坐在地上放声大哭。妈妈故意逗弄宝宝说：“你看看，你看看，这么小就学会假哭啦！用哭来威胁爸爸妈妈，这可不好哦！”

孩子3岁以前的大脑非常单纯，他们不会演戏，没有心机，大喜大悲是常有的事，反而是大人的情感很复杂，有诡诈、欺骗、报复等情绪。问题是，我们常常用大人的负面思考来解读婴儿的情绪，这种思维我称之为“父母的被害妄想症”。

像刚才那段视频，婴儿本来在哭，突然看不见妈妈，当然会紧张。所以，他暂时压抑难过的情绪，走来走去到处找妈妈，找着了，也安心了，想起刚才还在难过的事，立刻又放声大哭，并没有爸妈说的“假哭、威胁、欺骗”等负面行为。

我时常将下面的四句话放在心里，当作正向思考的座右铭，这四句话是：

孩子不是故意的。我生气是有原因的。帮助孩子解决问题。帮助自己走出困境。

孩子不是故意的。在他做了一件让人生气的事，甚至做了一件需要好好被纠正的错事时，我们要先告诉自己，他不是故意的，尤其是3岁以前的孩子。3岁以前的孩子语言表达能力不强，可以集中注意力的时间短暂，手眼协调能力有待提高，时常闯祸是理所当然的事。当孩子闯祸时，父母可以生气，可以慢慢教，但也要用正面思考的方式，替孩子的行为找一个合理的动机。（表3-2）

表3-2 负面思考与正面思考

父母的被害妄想症	正面解读孩子的动机
故意把我的话当耳边风	他在专心玩玩具，没有听见
故意搞得一团糟	他在探索、学习、尝试
固执、倔强	性格坚定、有决心
爱唱反调	善于争取自身权益
会为了博取同情假哭	想象力丰富、有创意

我生气是有原因的。孩子闯祸时，父母当然可以生气，生气是很自然的反射动作。但是生气过后，我们必须更深入地探索内心，追问一下这次生气背后的原因是什么：是因为我累坏了，所以生气？是因为觉得夫妻分工不均，所以生气？还是因为长辈时常批评孩子，我受不了这种教养方式所以生气？生气是一种肤浅的情绪，仔细思考生气背后的理由，就可以慢慢恢复理智，而不是迁怒于一个不懂事的孩子。更何况，对3岁的孩子大吼根本无法解决问题。

帮助孩子解决问题。孩子因为语言能力有限，不容易清晰地表达出自己为什么不开心，但我们是聪明的大人，可以努力猜猜看。孩子失控的原因，不外乎饿了、累了、病了、紧张害怕了、需要抱抱了，大概就是这些。相关的研究表明，只要父母愿意猜，有80%的机会可以在三次之内猜中孩子的问题。如果能满足孩子的就给予满足，不能满足的就向孩子解释，至少让孩子感觉到“爸爸妈妈了解我”。这样，安全型依附关系就建立起来了。

我能理解婴儿刚降生到这个世界上，常常因为对外部世界缺乏了解，而有一些“超自然”的期待，比如说盒子非要他亲手打开不可，玩具要按照他的喜好摆放，喜爱的水果别人都不能吃，等等。“同理”孩子的需求，并不等于“同意”孩子的欲望，父母嘴里说“我猜你想要这个”，不代表“我去给你找这个”，但至少替孩子说出口，能让他感觉到父母的体贴——“我知道你在想什么，世界上我最懂你，只是……我帮不了你，忍耐一下吧。”

帮助自己走出困境。生气之后，如果我们能思考自己生气背后的原因，夫妻就能聚焦于问题的核心，讨论如何走出教养困境。是因为感到疲惫吗？请努力安排好休息时间。是孤单寂寞吗？夫妻请设下单独约会时间。是因为家庭分工不均吗？夫妻双方请坐下来讨论分工细节。总之，将情绪转移成对事不对人，不要把错误归咎于另一半身上，夫妻一起想办法，才能真正解决问题。

抓大放小

培养安全型依附关系的五项原则的第二项，是pick one thing at a time——教养孩子时，一次只规劝一件事。

在美国，有几个经过循证医学认可的父母教育课程，大致上都有三个共通原则：第一，正向的鼓励；第二，温柔而坚定地规劝少数严重犯规行为；第三，忽视无伤大雅的调皮捣蛋。用一句成语来形容，就是“抓大放小”：只抓严重的犯规行为，忽视一般的小错误，而且一次只规劝一件事。

请父母们拿出一张纸，把每天批评孩子的事件列举出来。列举时不能太笼统，必须详细地描述，比如说玩电源插头、咬妈妈、抢某人玩具等，看能写出多少条。

写完之后，父母从中挑选出看起来最危险，或是大人最不能忍受的其中一项（或最多三项），当作“本月主题”。从当天开始，这个月只能叮咛孩子“这一项”错误，孩子做错的其他事不管发生几次，都先忽略不提。

这就是“一次只规劝一件事”的精神，抓大放小，减少孩子被负面言语伤害的机会。

坚持这样做后，你会发现，“不可以、不行、不准、不乖”这些负面言语被强制减少之后，孩子的情绪会变得越来越稳定，而且父母也会发现孩子的更多优点，说出更多爱他的话语。更重要的是，这个月的主题结束后，孩子也就学会了相应的人生功课，下个月的主题就可以继续，让父母一步一步地迈上优雅的育儿之路。

你可能会抱怨:“天哪！这么复杂？如果我列举了20项，岂不是要花两年的时间！”家长们，两年很久吗？两年很快就过去了啊！小学读六年，中学读六年，读完大学要花四年，如果继续深造的话，需要的时间还更长，父母却期望孩子在几天之内，就把生活中所有的细节都学会，这可能吗？

让孩子在家中感到温暖，感到安全，感到完全被接纳，那么，孩子的很多令父母烦恼的行为，也会渐渐不治而愈。这也是为什么许多研究显示：父母越早学习正确的育儿方式，对孩子帮助就会越大，甚至可以大幅度减少孩子将来使用精神类药物的概率。

甜言蜜语

甜言蜜语，就是时常将“请、谢谢、对不起”挂在嘴边。这是基本的礼貌。

想象一下，如果你的老板每天对下属只会用命令口吻，叫嚷“你给我去办这事”“你给我加班”……从来不说“请、谢谢、对不起”，是不是会让人感觉不太舒服呢？

再想象一下家庭里的场景。如果父母时常也只会用“命令句”跟孩子说话：你过来吃饭、你去睡觉、你去洗澡、你快点儿穿上衣服……换位思考一下，我们的孩子能不感到厌烦吗？

父母都听过一个说法——“可怕的两岁”（Terrible Two）。孩子在刚学会说话时，在两岁左右，常常这个也说不要，那个也说不要，叛逆起来变得讨人厌。然而父母扪心自问，我们从小对孩子不也总是说“这个不可以，那个不可以”，很少会使用“请、谢谢、对不起”吗？

在孩子小的时候，父母就要练习少用“命令句”。只会命令孩子，说明父母自身缺乏自信。自信的父母，可以给孩子恰当的尊重，不使用命令句。让亲子之间彼此达成共识，这才是好的方法。在后面的章节，我会分享一些沟通的技巧，让家长在面对孩子时，不需要大吼大叫也能说服孩子。

抚触拥抱

在新生儿医学刚起步的年代，早产儿一出生就只能睡在保温箱里。为了防止交叉感染，出院之前是不允许家长触摸孩子的。有一天，迈阿密大学的心理学家蒂凡尼·菲尔德（Tiffany Field）教授觉得这些早产儿一直没有被父母拥抱，实在很可怜，于是他请这些早产儿的妈妈来到医院，教她们正确的洗手方法，然后让她们每天伸手抚摸自己的宝宝。如果婴儿生命体征稳定，甚至鼓励她们将宝宝抱出保温箱，轻轻摇晃，一天抱45分钟。

没想到的是，妈妈抚摸和拥抱的结果出人意料——这45分钟的亲密接触，竟然让早产儿的平均生长速度比过去加快了50%！不仅如此，一年之后，这些孩子的认知能力与动作发展也超越了对照组的早产婴儿。每天45分钟的婴儿抚触，就能创造过去无法企及的医学奇迹，真是令人吃惊！

菲尔德教授的研究结果，开启了所谓“新生儿袋鼠式护理”的标准作业流程。现代医学中心的早产儿或住院的婴儿，都会被安排与妈妈肌肤相亲的时间，在没有衣服隔离的状态下抚触与拥抱。在袋鼠式护理介入之后，婴儿心情好，抵抗力提高，最后连感染率都下降了，因此袋鼠式护理也成为新生儿病房的常规制度之一。

现在有很多关于婴儿抚触的教学，什么从头到脚，I、L、U字形，号称不能漏掉每一寸皮肤……搞得妈妈们神经紧张，其实大可不必。正如我刚才所说，光是袋鼠式护理，让宝宝趴在你的肚皮上，你呼吸，他也呼吸，这就算是有效的抚触了！在宝宝开心的前提下，没事儿就摸摸他，拉拉小手，扯扯小腿，趁机培养安全型依附关系，让一切顺其自然地发展。

回应需求

最能安定婴儿情绪的，就是妈妈温柔的说话声；当然，爸爸温柔的说话声也很美好。总之，想要建立与婴儿的安全型依附关系，回应孩子的需求是必不可少的一项。

常常跟孩子说话，会让孩子变聪明。根据美国的一项研究显示，父母平均一小时跟孩子讲2100个字，这个孩子长大之后，智商会高出其他孩子1.5倍。要知道一小时讲2100个字其实并不算少，所以照顾孩子是很忙的，要忙着跟孩子讲话，怎么还会有空看电视、玩手机呢？

问题是，跟尚不会开口说话的孩子沟通，应该说什么呢？首先，父母不要为了硬凑2100个字，去朗诵白居易的《长恨歌》或者苏东坡的《念奴娇·赤壁怀古》，这种硬凑对建立安全型依附关系是完全没有帮助的。

跟孩子说话，可以是形容自己手上正在做的事情，边做边解释。比如说：“妈妈现在正在冲咖啡，你看咖啡是黑色的，好香啊！”“你看妈妈现在正在给你做午餐，这是鸡蛋，‘啪’地打个蛋，哇，你看里面是软的哦，待会儿煮一煮它就会变硬啦！”……

要知道，你对婴儿说的每一个字每一句话，都会烙印在他的脑海中，将来他语言能力发展时，词汇量就会大爆发。更重要的是，妈妈或爸爸的声音，能让孩子从听觉上产生安全感，这样一来，安全型依附关系就自然而然地产生了。

多抱孩子，并不会让孩子过分依赖

很多人好奇，全职妈妈和职业女性，谁带出来的孩子比较容易建立起安全型依附关系呢？答案是，只要是愿意回应孩子需求的妈妈，都能让孩子拥有安全型依附关系，跟全职或半职没有关系。当然，妈妈上班不在家时，替代的照顾者也必须是孩子可以安全依附的对象。孩子哭的时候，身旁的人都愿意用声音响应他，用肢体拥抱他，这样就能带出有安全型依附关系的孩子。

也有一种说法是：孩子哭的时候不要抱，不哭的时候再抱他，这样才不会被孩子“要挟”。我必须明确指出：这种办法肯定是错的。婴儿哭的时候当然要去抱他，只是在抱之前，可以先观察一下，确认孩子现在需要的是什么。他可能是饿了，那你除了抱之外，要给他找食物；他可能是尿了，那除了抱之外，要给他换尿不湿。当孩子对你发出请求的时候，你给他正确的响应，就是对他大脑最好的反馈。

多抱孩子，并不会让孩子产生过分依赖的心理；多抱孩子，也不会培养出高需求或者特别黏人的孩子。很多人喜欢倒果为因，看到黏人害羞的小孩，就批评妈妈一定是小时候抱得太多，但研究结果表明，在宝宝1岁之前多拥抱他们，他们长大后反而更有安全感。

有些孩子本身敏感度就高，所以从婴儿时期就需要经常被抚触与拥抱，以此来得到慰藉。这些孩子情感丰富，所以在长大之后，可能是暖男、贴心小棉袄，或许可以成为优秀的艺术家、音乐家、慈善家。说得更残酷一点，等我们老了、病了，肯来照顾我们的，很可能就是当初那些“黏人”的儿女。

当然，身为医生，我必须提醒父母：抱孩子请量力而为。对于已经罹患肩周炎、腱鞘炎等疾病的家长或其他长辈，可以选择用躺在床上陪玩的方式，表达你对孩子的爱，不要因为母爱大爆发而不顾自己的身体健康。出门在外，当孩子需要抱时，可以先找个地方坐下来，抱抱孩子，再让他自己走路或坐上婴儿车继续前进。在下一课，我会强调“依附对象不应该只有一位”。如果孩子一天24小时只和妈妈做伴，他会很难跟妈妈分开，所以一定要安排帮手共同照看。

除了抱之外，有些孩子会跟妈妈建立亲子之间的“小秘密”，来证明彼此的亲密感，比如说摸乳头、咬耳朵、捏手臂………这些可能让妈妈在大庭广众之下失态的行为，可以视妈妈自己的忍耐度来决定什么时候戒除。一般来说，3岁之后的孩子，都可以通过讲道理戒断，或只保留睡觉前的亲密接触。

当然，如果妈妈已经忍无可忍，也可以在孩子3岁之前将这些亲密行为强制转移，用玩偶取代，比如“摸小猪佩奇”“抠米老鼠的鼻子”等等。孩子可能会因此而难过两周，但之后就会接受了。

总之，是孩子的先天气质决定了与父母的相处模式。在小时候黏人与长大后不成熟之间，并不存在因果关系。黏人的孩子之所以让人烦恼，根本原因是主要照顾者太累了；而解决的方法，应该是找更多的帮手一起带小孩。

第16课　代养者的重要性：不能只靠一个人照顾婴儿

总会有些妈妈来我的诊室抱怨：花了全部心思陪伴3岁前的幼儿，结果孩子的情绪却越来越暴躁，让她们非常有挫败感。一问才知道，通常这些妈妈是全职妈妈，孩子爸爸在外工作，妈妈一个人在家带小孩，每天母子或母女相依为命，从陪睡到三餐，从公园玩耍到上课外班，都是妈妈陪，所以妈妈特别辛苦。但为什么这些妈妈付出这么多，却得不到快乐，孩子也变得越来越焦虑呢？

为了寻找答案，儿童心理学家爱德华·特朗尼克（Edward Tronick）博士曾经到非洲一个部落里进行实地考察，想探究清楚在一个原始的人类部落中，到底由多少个成人照顾一个婴儿是比较恰当的。结果发现，在人类原始的社会形态中，常常是两个人以上，甚至多达五个人共同照顾一个小婴儿，这五个人包括亲戚、邻居、哥哥、姐姐，当然还有双亲。而那个小婴儿虽然每天有不同的依附对象，还是知道谁是他的妈妈，并且妈妈永远是他第一顺位的依附对象。

英文中有一句著名的谚语：It takes a village to raise a child。意思是：拉扯一个孩子长大成人，需要一整个村庄的努力。要照顾一个婴儿长大，最理想的配置是二到五个成年人作为依附对象。在这样的一个体系之下，每一个照顾者都可以和孩子建立独特的安全感和依附感。虽然有二到五位依附对象，婴儿依然会认定一位主要照顾者（通常是妈妈，也可能是爸爸或祖母），不过因为有几位帮手，这位主要照顾者就不至于把自己累到每天都没力气洗澡、没时间吃饭、没办法睡觉。

建立婴儿的依附关系，不能只靠妈妈一个人！

孩子安全型依附关系的建立，不能只靠妈妈一个人！要多找一些人来充当孩子的安全感和依附感的对象。但我发现，现代人的生活圈看似很广，但可信任、值得托付的对象却不多，尤其是都市小家庭，很难找到两个以上的代养者分担妈妈的重担，这让妈妈独自承担起所有的心理压力。

当孩子的安全感完全依附在妈妈身上，没有第二顺位、第三顺位时，被依附的妈妈在孩子心中就是独一无二的依靠，他所有的情绪都需要妈妈来了解和处理，孩子就会变得很黏人，妈妈去哪里都必须带着他，上厕所、煮饭、洗澡都不能例外。妈妈也是人，这样的情况下，铁打的身体也不可能承受得了，当仅有的耐性被磨光时，情绪就会崩溃。如果妈妈时常崩溃，孩子会更害怕——那唯一可以依靠的妈妈竟然也会失控，因此孩子的脾气也会变得越来越古怪。

因此，二到五个大人照顾一个孩子是最理想的配置。这样，除了可以让妈妈喘口气之外，还有其他额外的好处。幼儿的大脑发展，最需要的就是各种刺激，而且是来自真人的互动，尤其是以语言为主导的社交训练。

如果家中只有妈妈一个人照顾孩子，就算每天都跟孩子说话，这个孩子在3岁之前得到的社交经验，依然是非常有限的。

我们不希望婴儿的互动经验仅仅只有“孩子—妈妈”这一种模式，应该还要加上“孩子—爸爸”“孩子—其他大人”“孩子—其他小孩”等模式，才会更丰富、更有弹性。生活在被二到五个大人照顾的环境下，孩子日后与其他人相处时，就会显得特别自信，融入团体生活的时间也会缩短。

美好的大家庭年代

或许有些人会质疑，那为什么上一代父母可以一口气生五六个孩子，却脸不红、气不喘地从容应对呢？答案还是回到一开始的那句谚语：It takes a village to raise a child。以前的社会风气比较淳朴，街头巷尾的邻居几乎都认识。我妈妈就常常煮饭煮到一半，让我去跟隔壁阿姨借葱、借酱油之类的，但在现代都市生活中，这是无法实现的。换句话说，过去虽然孩子生得多，但是左邻右舍也可能成为妈妈的帮手，需要帮忙的时候邻居人人都能伸出援手。

再者，这些孩子长大之后，尤其是家中的老大、老二，立刻无缝接轨地扮演“被依附者”的角色，所谓“长兄如父，长姐如母”，他们适当承接了弟弟妹妹的情感依附需求，分担了妈妈的心理压力。从这个角度来解读，在过去的社会，每养一个小孩，同样是需要二到五个人的互助才能达成。

找帮手！找帮手！妈妈需要找帮手！

既然要找帮手，在中国的大环境下，祖父母当然就是最好的人选。“隔代教养”这四个字，常常因为联想到教养观念的差异，以及两代人之间可能产生的摩擦，而被赋予一些负面的含义，但这对祖父母并不公平。隔代教养之所以会出现问题，往往是因为祖辈照顾孙儿时身心俱疲，没有其他代养者分担压力，当然也会存在教养理念差异的问题，不能以偏概全。

中国教育学会家庭教育专业委员会的《城市家庭教养中的祖辈参与问题调查报告》显示，家庭里是否有祖辈参与教养，并不影响亲子关系的质量，但是“接受单一祖辈教养，父辈基本不参与教养”的儿童，心理健康状况最差，行为问题也最多。这证明了隔代教养的缺陷仅存在于那些“把孩子交给老人后，就撒手不管，没有建立代养者团队概念”的家庭。

我认为，三代一起建立代养者团队的模式，是现代社会中势单力薄的小家庭最简单有效的配置模式。对于一个稳定的家庭来说，父母是第一责任人，祖辈可以是好帮手，彼此拥有良性互动，对前面课程中提到的五项原则达成共识，以建立婴儿的安全型依附关系。当然，祖辈与父母之间可能存在教养不同步的问题，在本书第五章，我会提供解决的办法，这里就先不赘述了。

如果祖辈已经不在，或者住得很远，或者健康状况不佳，或者仍坚持行为主义的训练教育方法，那么夫妻可能就要考虑花钱请保姆，来建立自己的代养者团队。这笔钱至少要花到孩子年满3岁——该花的钱一定要花，不能省。如果邻居或妈妈的朋友中可以找到合适的帮手，一起来建立代养者团队，当然也很好。总而言之，孩子3岁前的养育，不要由一个人承担，那样就太辛苦了。

最后来说一下托管班的问题。如果把孩子送托管班，是不是就没办法建立起安全型依附关系呢？答案是不一定。美国国家儿童健康与人类发展研究所的研究发现，如果孩子送去托管班的时间在每周45小时以下，并且托管班的照顾者是经过专业训练的，能让孩子和他们建立安全型依附关系的，追踪3年的结果显示，儿童的心智与健康状况都没有什么大问题。

你可能会问，那如果一周托管超过45小时呢，会不会对孩子的心理造成不良影响？答案是不知道。但若一周送托管超过60小时，父母跟孩子相处的时间就太少了，彼此之间会越来越不熟悉，父母可能就会常常误解孩子的需求。

总而言之，孩子3岁以前的教养重点，就是陪伴孩子建立安全型依附关系，相信这一章的内容已经非常清楚地对这一点进行了解释。还记得哈利·哈洛吗？哈洛当初的梦想，是把母爱量化，用科学的数字来显现母爱的力量。如今，实践早已证明了这一点，母爱不仅是大脑发展的肥料，也是我们对抗病菌感染的力量，还是身高和体重增加的养料。

第四章

越早学语言越好？促进0～3岁孩子语言发展的有效方法

★ 跟宝宝说话：速度放慢、音调提高、自然响应

★ 1岁半之前：不建议使用电视、手机、平板电脑

★ 亲子共读：关键在于“共”，而不是“读”

★ 双语早教应该注意的六件事

★ 语言发展时期：扮演孩子的翻译官

★ 语言发展迟缓，要考虑自闭症：早期发现，早期诊断，早期治疗

第17课

跟宝宝说话：速度放慢、音调提高、自然响应

★★★★★

在这一节课，我会回答大家对于语言学习的疑惑，包括孩子几岁还不会说话才需要担心，婴儿手语实不实用，适不适合从小开始双语学习，等等。

语言学习应该从几岁开始好？先和家长们分享一项加拿大的研究。

加拿大麦吉尔大学的研究团队找来了三组不同的成年人：第一组只会讲法语；第二组会说中文和法语；第三组在中国出生，1岁之后被送到加拿大寄养家庭，长大之后完全不会说中文，只会说法语。

研究者拿出播放器，播放出用中文朗读的一段话，问第一组："你们听得懂吗？"每个人都摇摇头。问第二组："你们听得懂吗？"大家都点点头。问第三组，虽然他们外表看起来是中国人，但跟第一组一样，听不懂中文，没有任何反应。

然而神奇的事情发生了。当研究者用功能性核磁共振去扫描这三组被

试者的大脑时，发现那些完全不会说中文，但1岁前在中国生活的成年人，在解读中文的那部分大脑区域，竟然和第二组人一样正在使用中！也就是说，这些人虽然仅在婴儿时期听过中文，但在潜意识中大脑依然记得这种语言的音韵，知道这是一种曾经听过的、熟悉的语言。因此，结论是：语言学习，确实是从孩子1岁之前就已经开始了！

但请不要冲动，先别急着下载英语学习软件，看完这一章再决定下一步该怎么做。

先把母语学好

闽南语有一句俗话："吃碗内，看碗外。"意思是说，碗里的食物不专心吃完，却老想着碗外的食物，最后碗里的掉地上，碗外的被抢走，落得两头空。婴幼儿的语言学习也是如此。

在上一课我们提到，平均一小时讲2100个字的父母，他们照顾的孩子长大之后，智商会高出其他孩子1.5倍。因为孩子在还不认字之前，90%的学习都是靠耳朵听，所以日常生活中来自四面八方的说话声就是他学习的最佳来源。

当孩子从妈妈口中听到"要不要吃苹果"，然后又在水果摊上听到摊主说"苹果大特价"，他对苹果的概念就像拼图一样，越来越完整。但是如果孩子在家听到的都是英文apple，他就无法理解水果摊摊主说的"苹果"是什么，掌握语言的速度相对就会慢一些。

所以请不要"吃碗内，看碗外"。语言学习的第一个法则就是：先把母语学习好，请孩子的主要照顾者使用母语跟孩子说话。

我曾经遇到过一个孩子，他住在加拿大的法语区，从小他的爸爸讲广东话，妈妈说普通话，幼儿园老师说英语，上小学开始进入法语学校学习。

在这么丰富的语言环境之下，这孩子最后却在学习上产生了障碍，亲子之间也无法建立安全型依附关系。为什么呢？简单说来就是沟通不畅。当孩子有需求时，他的母语（不知道哪一个才是母语）不够好，无法使用正确的语言来表达，父母看不懂也听不懂他的需求，只能自作主张地随便猜测，或是忽略孩子的需求。孩子长期无法和父母“连上线”，大脑就会越来越疲惫，最后他选择把自己关在平板电脑的小世界里，每天都玩在线游戏。

所以要让孩子好好掌握人生中第一种语言。

速度放慢、音调提高、自然响应

除了每天跟孩子用母语交流之外，还有没有其他方法可以提高孩子对语言的熟悉度，进而提升智力呢？答案是有的。

加拿大语言学家威廉·福勒（William Fowler）曾经发明了一种“福勒说话法”。“福勒说话法”是一种说话练习，当婴儿和大人共处于同一个房间时，大人跟婴儿说话要遵循以下四个原则：第一，说话速度要放慢；第二，音调要稍微提高；第三，要轻松自然地描述手中在做的事；第四，要适当地响应孩子的需求。掌握这几项原则，每天不厌其烦地执行“福勒说话法”，到了两岁时，孩子不仅说话流利，甚至可以掌握大部分的常用句型。而且，通过对实践“福勒说话法”的一些孩子的追踪调查发现，到他们上高中时，竟然有62%的孩子成绩名列前茅，排名在前25%。

你看，用正确的方法跟孩子说话，效果是不是很惊人？孩子的大脑就像是海绵，只要我们说话不是太快，他都会一字不漏地吸收进去，只是他一开始还无法读取，想表达的时候不知道说什么而已。

最后一个提醒是，大人平常说话时，尽量不要使用不明确的代名词，比如说“喜欢这个、这个，还是喜欢那个、那个”，这些“这个、那个”

的句型，无法让孩子接触到真实的名词。既然孩子的大脑像海绵，大人说话时就要尽量使用明确的词汇，比如说“宝宝喜欢蓝色的盘子还是绿色的杯子呢”，再搭配手势，孩子就会猜出什么是蓝色，什么是杯子，将这些名词一个一个抓进脑海。有一天，孩子语言爆发的时候，就可以更顺畅地表达了。

最好的游戏就是过家家

孩子2岁之后，大人常常跟他玩过家家的游戏，在游戏的过程中，他就有机会把平常听到的词拿出来使用。用错了的时候，大人偶尔纠正一下，他马上可以讲出正确的词，这是最好的学习模式。

通常，玩过家家就是模仿一些生活中的经历，比如在餐厅点餐、在厨房做饭，等等。如果一个孩子玩过家家，却老是出现超现实的行为，比如拔枪、打打杀杀等，就表示孩子的大脑吸收了太多电视剧的剧情，虚实不分。

3岁以前的儿童，电视看得越多，平板电脑使用得越多，语言能力就越差。华盛顿大学的一项研究发现，3岁前看语言学习视频，看貌似质量优良的动画片，长大之后会表达的词汇反而更少。美国儿科医生迪米特里·克里斯塔基斯（Dimitri Christakis）博士的最新研究表明，如果电视每小时开启一次，婴儿听到的词汇量就会大量减少，而相应的，婴儿和父母之间的交流也大幅下降，这也影响了孩子未来的语言能力。

提早送孩子上幼儿园，并不是好主意

儿童的语言发展一般遵循如下标准：6个月会发出bababa的声音，1岁懂得叫爸爸、妈妈，1岁半至少可以说五个词，2岁时可以说有主语、谓语、宾语的完整句子。如果我在诊室发现孩子没有达到上述的标准，首先，我会确认孩子两只耳朵的听力是否正常；其次，再确认孩子有没有自闭倾向（本章后面会详述）；最后，确认孩子是否能听懂大人说话，即便是在没有手势辅助的情况下，也能完成“帮我拿某个东西过来”之类的指令。在完成这三项排查之后，我就可以基本确定，这些孩子是否只是因为口语发展速度较慢而需要父母耐心等待。

2岁的孩子常常因为口语表达能力不够，被旁人建议“送去托儿所就好了”，结果却造成两极分化的结果。大部分孩子被送去托儿所后，接收大量的语言刺激，两个月之后，语言能力果然出现大跃进，叽里呱啦一直讲，妈妈很满意，这是其中一种令人开心的结局。但是也有少部分的孩子，因为不满3岁，心智尚未成熟，送到托儿所后分离焦虑严重，无法融入团体生活，语言能力不进反退，还出现了失控、哭闹等退化行为，亲子之间更加没有安全感。因此，送孩子上托儿所，并不是促进语言发展的捷径。那么，什么时候可以送幼儿园呢？首先，你的孩子需要先有其他团体游戏的经验，可以与家长暂时分离而不焦虑，再考虑送托儿所。如果你家里没有能力给予孩子“多人”的语言刺激环境，比如没有足够的代养者，只有妈妈一个人可以照顾孩子，你既没有时间进行亲子共读，也没有办法给孩子找到更多的“亲朋好友”一起玩，那么送孩子去托儿所，或许是最好的选择。

本课的结论是，母语只能亲“口”教学，只要多一点儿“人”，愿意每天花时间跟孩子说话，在多人的口语刺激下，孩子掌握语言的速度就会加快。

第18课
1岁半之前：不建议使用电视、手机、平板电脑

美国西雅图的儿童健康行为发展中心做了一项研究，研究者在329个有2岁以下幼儿的家庭中放置隐藏式录音机，来录家中电视的声音和家人说话的声音。

经过两年的研究，中心获得了一个惊人的数字——每当电视的声音响起，大人跟幼儿讲话的频率就会从每小时说940个字，下降到每小时仅170个字，减少幅度高达80%。

电视声音一开，大人手机一开，大家就不说话了。幼儿呢，也就接收不到语言刺激了。你可能会说，有啊，有电视的声音，电视里有人说话。但正如第17课所讲述的，看电视会影响婴儿未来的语言能力，这说明电视或平板电脑的说话声是无法刺激幼儿大脑发育的。

电视、手机、平板电脑的三大危害

美国儿科学会呼吁，成人不要让未满1岁半的孩子看电视，合理的电视使用时间应该是没有妥协的0分钟。如果能确保孩子在3岁以前完全不看电视、手机、平板电脑则是更理想的做法；如果做不到，至少1岁半是不能让步的底线。

不论是1岁半还是3岁解禁，学龄前的孩子仍然需要在家长的陪伴之下才能使用电视、手机、平板电脑，而且每天的使用时间上限是1小时。

看屏幕对幼儿的影响到底有哪些？我们可以从三个方面来分析。

影像本身的影响

声光刺激：屏幕的闪烁光影、画面变换、快速剪接等声光效果，会对幼儿正在发育的大脑产生过度刺激，这非常不利于大脑的发育。3岁前的大脑，对于周遭的任何细微变化都非常敏感（父母一定有经验，幼儿常常注意到大人没发现的环境细节），因此大脑在这段时间建立的“脑内秩序”，是未来思考运作的稳定基石。如果给予幼儿过度的声光刺激，可能会让他们的神经网络连接错误，影响未来的学习能力与专注力。

影响视力：婴幼儿时期，视力尚未发育良好（6岁才有正常人的视力），他们需要东看西看，获得全视野的发展，而看电视、手机、平板电脑会让幼儿的视线集中在一个框框内。上一代孩子虽然看电视，但是与电视距离较远，相对来说不容易近视；这一代孩子看手机、平板电脑，用眼距离比看电视近得多，因此近视率比上一代高得多。

节目内容的影响

语言发展迟缓：有些父母误以为孩子可以跟着影片学语言，但事实上，孩子从生活环境里学语言效率更高。影片是单向的“听”，无法取代人与人之间的对话和互动，而当电子产品一开机，父母和孩子说话的词汇量立刻锐减，因此，看屏幕的时间越久，对语言发展就越不利。

无法专注：一旦孩子适应了电子产品的过度刺激，对他来说，现实生活中的刺激就显得平淡无奇，无法吸引他的兴趣。现在的孩子，不论是出门聚餐还是旅游、运动，只要行程稍有放缓，就跟家长要手机来玩，因为他的大脑已经习惯于“声光效果”下的重口味刺激了。根据研究，3岁以前的孩子电视看得越多，到7岁时，出现注意力不集中、焦躁不安、冲动的概率就越高。值得注意的是，即使孩子在其他房间做游戏，电视的“背景声音”也会影响孩子的睡眠、专注力，并增加其出现冲动行为的概率。

认知或阅读障碍：虽然有实验证明《芝麻街》之类的儿童节目可以帮助3岁以上的儿童学习更多的词汇，但对于3岁以前的孩子，效果却恰恰相反。研究显示，3岁以前的孩子每天看电视的时间越长，他们的阅读能力和理解能力也就越差；看到一串数字，能够记住的长度也不如同龄的孩子……这些能力的下降，都会影响日后的学习。

价值观扭曲：孩子可能会模仿动画片中的暴力或危险行为，而商业利益驱动下铺天盖地的广告也会诱惑孩子过度消费，扭曲他们的价值观。

其他间接影响

亲子关系疏离：幼儿花过多时间看动画片，会大幅减少与家人的言语互动。虽然有些父母会陪孩子一起看动画片，但这些父母多数是为了自己休息，很少在看动画片时和孩子互动、学习，而是处于心不在焉的状态。这样一来，不但无法促进孩子的身心成长，反而错过了孩子重要的发展阶段。

运动不足：全世界肥胖儿的数量不断增加，电视与垃圾食品难辞其咎。长期看电视的孩子运动量不足，容易导致肥胖，也容易养成懒散、被动的习惯。研究表明，肥胖儿中除了10%是疾病引起的，10%是家庭遗传的，剩下的80%都属于单纯性肥胖。这些肥胖儿的一个共同点就是不爱动，爱看电视、手机或平板电脑。

剥夺了其他活动的时间：婴幼儿阶段是大脑功能发育阶段，需要均衡脑部刺激，才能衍生更多的脑神经回路与连接。如果长时间看动画片，相对而言就减少了玩沙、溜滑梯、过家家、玩黏土、绘画等活动的时间，而这些活动对孩子的全面发展（比如说手眼协调、感觉统合、冲动控制等）是更为重要的。

视频聊天或电子书

3岁以前的幼儿大脑尚未发育成熟，需要大量与“真人”互动的经验来建立语言逻辑，提高社交能力、专注力以及观察一般物理现象的能力，等等。学龄前儿童使用计算机、平板电脑、手机，必须在大人的陪同下进行，而且大人应该在旁边以口语复述节目内容，只有单纯的视频聊天除外。

视频聊天属于真人互动，所以没有特殊的限制。那如果是电子书呢？学龄前儿童可以使用电子书进行亲子共读吗？答案是可以，但必须要请爸爸妈妈亲自朗读，而不是以播放录音的形式取代。

亲子共读，并不单纯是为了传达故事内容本身，更是要创造亲子之间的语言交流与互动机会。因此，唯有你一言、我一语的共读，对学龄前儿童才有正向的效果。我也不建议家长挑选过于花哨的动画电子书，应尽量挑选画面朴素、简单，就像一般的图画书一样的电子书，以免导致孩子失去专注力。

至于一些所谓“寓教于乐”的应用软件，家长要慎重考虑，不管描绘得多么天花乱坠，都要等到孩子3岁之后再使用。

第19课

亲子共读：关键在于“共”，而不是“读”

★★★★★

今天读故事书给孩子听了吗？

美国有一项针对3岁以下孩子的家庭调查，发现有16%的家长从来没有念故事书给孩子听，另外23%则一周只读不到两次。你可能会问：“什么？3岁以前？他们连字都还不会认呢！何必浪费时间呢？”家长如果有这种想法，那还真的是大错特错了。

亲子共读可提升孩子的学习能力、注意力与想象力

1989年，美国波士顿的儿科医生共同发起了一项鼓励家长亲子共读的计划——每年送出570万本童书，教导350万名儿童的家长如何进行亲子共读，共持续了20年。

这项活动的研究结果发现，与学龄前孩子进行亲子共读，确实可以提升孩子的阅读能力与口语表达能力，而且读的时间越久，效果越显著。同

时，也正因为这两项能力的显著提升，这些孩子日后的学习效果是突飞猛进的。

除此之外，纽约大学医学院儿科和人口健康部门副教授艾伦·门德尔松（Alan Mendelsohn）针对纽约都会区低收入家庭的研究也发现，进行亲子共读的家庭中的孩子，从3岁起行为就会有所不同。同样的3岁孩子，有亲子共读经历的，明显更能控制自己的情绪，注意力也更集中。3岁以后，研究员持续每半年追踪这些孩子一次，发现亲子共读对孩子行为的影响仍然在持续发酵，一直到上小学都是如此。

不要误会亲子共读只是“妈妈的事”，爸爸与孩子一起读书的影响更大！哈佛大学的研究发现，由爸爸陪孩子进行睡前亲子阅读，会比妈妈读效果更好。科学家们发现，妈妈读图画书容易被细节所困，但爸爸天马行空地说故事的方法，更容易引发孩子发散性的思考，展开更有想象力的讨论。

开始共读的年龄：6个月

亲子共读可以提升孩子的学习能力、专注力与想象力，那么几岁可以开始共读呢？答案是6个月！过去以为孩子要在三四岁后才能共读，但研究发现，0岁婴儿期的共读，能给孩子的大脑带来极好的亲子互动经验和语言刺激，因此尽早投入阅读，对提升孩子的能力效果更显著。

当孩子长到6～8个月大，可以稳定地坐在父母的大腿上时，只需要几分钟的注意力，就能开展亲子共读。孩子开始会把书拿起来探索（抢书、啃书、撕书），虽然共读不会进行得很顺利，但父母不必太焦虑，或因此就认为“孩子可能不喜欢阅读”，这是正常的发展过程。有了多次亲子共读的经验后，孩子就会开始慢慢感知到，父母会在打开书时，用不一样的语调来说故事给自己听，也会慢慢觉察到现实生活与书中画面、语言的相关性。

2岁之前的幼儿，在共读时都是在看图，对故事的理解是碎片式的，所以当孩子拿起书时，不按常理出牌，硬要往后翻页，找到他喜欢的那张图，这都是正常的。孩子甚至会粗鲁地往后翻页，一旦没找到他喜欢的那张图，就会随手把书一丢，立刻换另一本书，这也是正常的。

只要父母不厌其烦，不感到挫败、沮丧，在亲子共读的过程中轻松应对，却又持之以恒，就可以培养孩子热爱阅读的好习惯。

亲子共读：关键在于“共”，而不是“读”

不过千万不要弄错了方向，亲子共读的关键在于“共”，而不是“读”，我们希望能拥有“快乐的亲子共读”经验，而非“强迫症式的亲子共读”经验。

亲子共读不应该在父母强迫下进行，更不应该用孩子听不懂的《三字经》《弟子规》等来消耗时间。共读虽然有一些需要注意的小技巧，但是就大方向而言，亲子共读的基本目的是：帮助父母找个话题，跟孩子聊聊天。

研究显示，如果父母采取所谓“对话式共读法”，看图画书时经常提出开放性的问题，甚至把图画书丢一边继续聊，那么一个月后，幼儿的语言表达能力会得到显著提高。虽然每位家长读书的方法不同，有些家长属于描述型，喜欢把图画书中的每一个环节都讲清楚，也有些家长属于演绎型，不拘小节，只求故事讲得生动有趣，但不管用什么方式都是对的，不同的阅读方式吸引不同气质的孩子。

亲子共读不仅没有固定的方式，连时间、地点都没有限制，家长只要随手抓到一本图画书，就可以立刻开始和孩子聊天。现在各大图书馆都有可借阅的图画书，小区附近也会有绘本馆，网络书店童书品种丰富，父母真的没有借口不从孩子0岁开始就读书给他听了。父母可以先了解不同年龄的孩子适合什么样的书，对书本的反应有哪些，（表4-1）在进行基本的了解之后，就不会觉得亲子共读无从下手了。

表4-1 不同年龄儿童对书本的认知与共读方法

年龄	认知	家长可以怎么做
6～12个月	能看到图片 用手拍打图片 喜欢有脸的图片	用手指图片，告诉他那是什么
12～18个月	拿书的姿势正确，不会上下颠倒	让孩子自己拿书 问：“某某在哪里？”
18～24个月	可以说出书中熟悉事物的名字 注意力可长可短	问孩子：“那是什么？” 读到某些熟悉的语句可以暂停，让孩子接着完成
24～36个月	可以将图与故事内容结合在一起	不厌其烦地读同一本书 提供蜡笔和纸，让孩子画画
3岁以上	已经知道书中的内容就在“文字”里 读书的时候会用手比画着句子（即使看不懂） 可以认出一些字	让孩子说故事给家长听

在挑选图画书的时候，也请记得挑那些“大人自己也觉得有趣”的书，因为如果连你自己都觉得内容兴味索然，怎么能提得起精神念给孩子听呢？如果不确定孩子喜欢哪一类型的书，可以先采取借阅的方式，多试试各种不同风格的书。若发现孩子对某一种画风感兴趣，就可以上网搜寻购

买同一作者的图画书，投其所好。

电子产品时代的父母，需时刻自我提醒

在现代社会，成人世界几乎都已经被电子产品占领，所以如果亲子共读采用电子书的方式或者是交互式产品，是否可以呢？

刚才提到亲子共读最单纯的目标，就是找个话题跟孩子聊天，在这样的前提之下，单纯的电子书似乎没有违背亲子共读的精神。然而美国儿科学会还是强调，在2岁之前，除非是视频与家人聊天，否则电子产品还是收起来比较好。2岁之前的幼儿不适合用电子产品看书，除了因为他们会吃书、啃书、摔书、撕书之外，有些孩子会把最爱的书变成“安抚物品”，必须随身携带，这样一来，电子产品就真的不适合了。除此之外，许多电子书或交互式产品其实并不是单纯的书，常常会迸出一些声光效果，进而干扰孩子的大脑。因此，我建议父母等孩子2岁后再接触电子书比较妥当。

千万不要把电子产品当作故事保姆，代替家长讲故事，这样做是没有效果的。日本圣隶克里斯多福大学的研究显示，与孩子一起观看被制作成电子书的图画书，无法刺激孩子前额叶的活动性，对促进孩子认知、学习以及语言能力的发展并没有帮助。只有父母亲自和孩子进行“对话式共读”，才能刺激孩子大脑的活动。

孩子的童年只有一次，请好好把握5岁前的亲子共读时光——在我看来，没有什么比这更重要的事了。

第20课 双语早教应该注意的六件事

前面我们已经提到，1岁之前婴幼儿的大脑就已经开始吸收听到的各种语言。但同时我也强调，应该先让他们掌握母语，这才是语言能力的关键，太多语言混杂在一起，不见得对孩子的语言发展有益。有些妈妈会问，那如果让父母分工合作，一个人讲中文，一个人讲英文，这样可以吗？或者让孩子从小听英语录音，这样可以让孩子熟悉第二语言吗？

真人对谈才有效果

华盛顿大学的帕特里夏·库尔（Patricia Kuhl）博士曾经做过一项研究，她把一群9个月大的婴儿分成两组，分别教他们“学中文”。其中一组是利用中文影片教学，时不时播放给婴儿听；另一组则是找了会说中文的保姆，一周三次，跟婴儿用中文做25分钟的游戏。

四个月之后，验收成果的时刻到了。经过测试，研究人员发现那些听中文教学影片的婴儿，对中文依然没有任何反应；但那些有说中文的保姆陪读的婴儿，听到中文的反应竟然十分良好，甚至已经跟从小听中文长大的中国婴儿一样灵敏！

这项研究显示，婴幼儿的双语早教必须由真人沟通才有效果，听音频或看视频，都是经研究证实无效的方法。真人沟通时间不必太长，一周三次即可，但必须由以英文为母语的人跟婴儿对话，才能让婴儿大脑正确吸收该语言的独特音韵。我相信未来可能会有人工智能保姆，或许这些机器人可以说出像母语般流利的英文，但这仍需要研究证实是否同样可行且有效。

不要一人分饰两角

每一种语言都有独特的音韵，虽然婴儿不见得能理解语言的内容，但是熟悉音韵之后，可以让未来语言的学习事半功倍。因此，如果爸爸或妈妈的第二外语非常标准，不带口音，这时候夫妻分工，一人负责跟孩子讲一种语言，是没有问题的。然而，我还是要提醒父母，如果用这种分工方式学习语言，主要照顾者最好还是讲母语（或孩子生活当地较常听到的语言）比较好，让次要照顾者说外语，这样才能先把母语的基础建立好。

就算父母的英语口语不错，如果有很浓重的口音，那还是希望父母不要破坏孩子的音韵感，不要亲自教孩子说英语。如果有其他亲戚想要加入多语种培养行列，在婴儿面前用标准的第三语言或以方言沟通，理论上都是可以的，毕竟这些人与婴儿相处的时间不长，且听且学，没什么大问题，但基本原则就是这个人使用的语言必须流利且标准。

千万不要一人分饰两角，奇数天说中文，偶数天说英文，更不要一句话里夹杂两种语言，比如“你看 rainbow 好漂亮”“妈妈今天 prepare 一道

pasta 给你吃”。这种奇怪的组合，会让婴儿无法判断语言独特的结构，反而对日后学习外语造成一定的困扰。

上双语学校有效吗？

上面提到与真人交谈才能让孩子有效建立对语言的熟悉度，于是许多纯美语学校或者双语学校就成了家长的热门选择。

双语学校的环境，跟我们刚才提到的有会说外语的保姆一对一聊天的生活氛围，有很大差异。在双语学校实现英语水平突飞猛进的情况，通常不是你想象的那么简单。这些孩子通常已经有基本的英语能力，而不是零基础，而且他们通常个性活泼，会主动找外教老师聊天，或者积极举手发言回答问题。可以这么说，虽然一个班级有十来个学生，但这一两个积极主动的孩子，几乎花去了外教所有的时间和精力，不论上课还是下课，他们都会跟老师你一言我一语地沟通交流，这样的孩子上双语学校是最合适的。

但这些孩子的基础英语能力从哪里来？有可能是家里有次要照顾者，偶尔跟他们说英语，或者是这个孩子有一对一的英语家教。总之，一般来说，一个英语零基础的孩子，不太可能在送去双语学校之后突然就学会说英语了。人的大脑基本上都是懒惰的，只要身边有人会说中文，这些对英语不熟悉的孩子，就会选择用自己最熟悉的语言说话。只有身边无人可说中文，和外国人面对面时，孩子没有其他沟通工具可选，才会被迫使用他不熟悉的语言。

所以想象一下，如果你的孩子在家里没有人可以跟他一对一说英语，他的个性又比较害羞，不敢随便说话，那么，就算送到双语幼儿园，他并不容易在语言上取得较大的进步。而如果老师或家长又整天批评他的英语没有进步，孩子就会开始讨厌这门语言，更不想学了。

所以，不要好高骛远，家长应该先让孩子掌握好母语，等孩子长大，心智发育较为成熟之后，再从他感兴趣的主题，比如说篮球、动画片等入手，慢慢诱发他学习英语的兴趣。现在的孩子很幸福，网络上各种各样的语言学习渠道应有尽有，不用花钱，不用出国，都有可能练就一口标准的外语。

学习外语的唯一障碍是一个人从心里丧失学习动机，而且持自我否定的态度——我英语不好，我什么语言都学不好，而且我永远学不好。而家长最不应该做的，就是把这种负面的固定型思维传递给我们的孩子。

双语早教该注意的六件事

在这里，我给家长们做一个简单的总结——双语早教应该注意的六件事：

* 真人对话才有效，音频、视频基本无效。
* 母语时间要大于外语时间。
* 外语口音太浓重就不适合说给孩子听。
* 不要在同一个句子中穿插两种语言。
* 只要符合上述原则，增加第三、第四语言也无大碍。
* 不要用错方法，导致孩子丧失学习外语的自信心。

第21课

语言发展时期：扮演孩子的翻译官

★★★★★

假设你现在是一位远赴俄罗斯的外派人员，几乎不会说俄语，当地人也不会说中英文。明天就是你第一天上班，你独自住在人生地不熟的异域，既紧张又焦虑。

进了办公室，你遇到了第一位同事，比手画脚地想问他哪里有水喝。同事看不懂你的手势，敷衍了两句，就头也不回地走了。你感到很无助。

遇到第二位同事时，你用非常不标准的俄语，勉强挤出“波替”两个音节。同事严肃地看着你，纠正了你的发音，并且要求你说三次标准的“水”的俄语单词，вода、вода、вода，才愿意带你去找饮水机。

回到自己的座位上后，你为自己的沟通不畅感到沮丧，轻轻骂了一声粗话，用力拍了一下办公桌。但这动静又被老板听到了，他立刻严肃地找你谈话，警告你下次不可以在办公室乱发脾气……

如果整天处于这样的工作氛围之下，你会不会觉得很痛苦呢？

3岁前幼儿的沟通困境

现在角色扮演游戏结束，回到现实世界，想象一下我们的孩子所处的状况。他呱呱坠地来到这个世界上，努力地学习地球上的语言，这就如同我们被派到人生地不熟的俄罗斯一样。他有时听得懂，有时听不懂，就算听懂了，由于大脑的语言中枢尚未发育成熟，想说却又说不出口。

一般按照婴幼儿的语言发展规律，6个月学会咿咿呀呀，1岁会说叠字，1岁半至少会说5个词。但是要注意，语言发展速度因人而异，不同的孩子语言表达能力会有很大差异。如果你的孩子语言发展速度较慢，在排除听力障碍以及自闭倾向两种问题之后，就要认真考虑孩子其实是听得懂，只是暂时还说不出口这一状况。在他们的大脑中，对语言的理解可能已经非常超前，但是嘴巴能说出的词句却不见得跟得上，导致他们常常有苦说不出，就会开始发脾气。

就像刚才模拟的那位外派俄罗斯的工作人员，因为语言不通，他已经很无助了，却还常常被人纠正。孩子的愿望很简单，就是希望能有一位温柔、有同理心的翻译官，把婴儿的语言翻译成大人的语言，而这个翻译官就是爸爸妈妈。

下面我就来介绍四个3岁前的婴幼儿常见的沟通困境及其解决办法：

* 听得懂但说不出口
* 说话发音不标准，也就是发展性构音异常
* 暂时性的结巴
* 不知如何表达情绪

听得懂但说不出口：婴儿手语可派上用场

婴儿手语其实并不难，它的精髓就是：大人平常说话的时候，练习“我手比我口”，说再见时挥挥手，说肚子饿时比比吃饭的动作，让孩子知道这个手势代表的意义是什么。这样一来，在他听得懂却说不出的时期（1~2岁），他就可以使用学过的手势，简单地与父母沟通。

婴儿手语最简单的例子，就是再见（挥手）。所有的婴儿都知道再见的手语就是挥手，不用教他自己也能学会，因为从他们出生开始，每个大人口里说“再见”的时候，都会做出挥手的动作。等孩子稍微长大一点，他虽然已经知道挥手代表再见，嘴巴上却说不出“再见”两个字，但他可以用挥手表示“我要走了”，妈妈这时候就可以做出正确的响应。

如果没有婴儿手语，那些语言发展较慢的1~2岁的婴儿就只能大哭大闹，而妈妈也只能乱猜：是饿了吗？是想睡吗？是疼痛吗？……因此陷入交流的困境。所以在孩子出生之后，夫妻可以事先约定，肚子饿怎么比画，口渴怎么比画，开心怎么比画，想睡觉怎么比画……自己创造手势，多加练习，习惯成自然。

发展性构音异常：复述一次就可以了

第二种沟通障碍，是发展性构音异常，也就是说话发音不标准。在孩子小小的脑袋中，因为语言认知还不成熟，很多字音听起来是差不多的，所以他们对于某些字，会挑比较顺口的音来发。

举例来说，zhi跟di这两个音，大人听起来完全不一样，但是在3岁前的幼儿听来是差不多的。所以对于“蜘蛛”这个词汇，zhi音很难发，有些幼儿就会选择用比较简单的di du，来取代zhi zhu，这样大人就听不懂了。

随着婴幼儿大脑的成熟以及口腔肌肉的精细度发育，他们可以陆续发出许多语音。

* 2岁：学会所有元音和音调
* 3岁前：能发出b、p、m、d、t、n、g、k的音
* 3至4岁：能发出j、q、z、c的音
* 4至5岁：能发出x、s、zh、ch、sh的音

因此当我们的孩子发出奇怪的音时，不需要一直纠正他，只需要复述一次他想表达的词，让孩子有机会再听一次正确的音韵就可以了。

孩子："那里有一di du！"

妈妈："你说那里有一只zhi zhu吗？"

孩子："是。"

妈妈："谢谢你，我知道了。"

通常有构音异常的孩子，4岁后是求助语言治疗师的适当时机。语言治疗师会帮助孩子训练口腔肌肉，以便帮助他们矫正发音。但千万别拖太久，不然养成说话习惯后，就很难改正了。

暂时性的结巴：帮忙接个话

暂时性的结巴，又称为儿童发展性口吃，时常发生在孩子2岁半到5岁之间。他们在兴奋、紧张的时候，会"我……我……我……"一句话卡在第一个字就说不下去了，很多父母会因此而让孩子做错误的训练，皱着眉头叫

孩子“慢慢来、重讲一次、讲顺口一些”。

其实这是因为孩子的大脑想的比说的快，情急之下，舌头就卡住了。这时候聪明的妈妈应该帮孩子把话接下去，替他开一个头，之后整个句子就顺畅了。

孩子：“这……这……这……”

妈妈：“这本书？”

孩子：“嗯，是上次去图书馆我看到的同一本，里面有一只黑熊，它和猴子是好朋友……”

通常有发展性口吃的孩子，他们的父母说话也很快，因为孩子很想跟上大人说话的节奏，所以导致口吃。因此父母也要试着学习把说话速度放慢一些。

不知如何表达情绪：不要否定孩子的情绪表达

婴幼儿从8个月开始就会发脾气，父母常常觉得孩子如果从小就乱发脾气，长大后就会变本加厉，因此时常制止他们的宣泄行为——不可以尖叫、不可以打人、不可以打头、不可以摔东西……的确，这些“不可以”事件，都是未来要教导孩子的规矩，但是，有必要在孩子3岁之前就不停地否定他们吗？

在本书的第一章，我曾经介绍过埃里克森的人格发展理论，1岁半之后是培养孩子自我意识、建立自信的关键阶段。在这段牙牙学语的时期，父母如能体会孩子有口难言的苦衷，不去否定他们的情绪表达，对孩子未来的语言发展、沟通和自信心的建立，都是重要的支持力量。

不要再落入行为主义的窠臼。行为主义只处理外显行为，不探究背后情绪。还记得吗？第三章讨论建立婴儿安全型依附关系时，有一句口诀：

孩子不是故意的。我生气是有原因的。帮助孩子解决问题。帮助我走出困境。

孩子尖叫是故意的吗？不是的，是因为他年纪小，不懂得怎么表达开心或难过，所以尖叫。这时候爸爸妈妈可以先帮孩子翻译他的情绪——“瞧你开心的”，接下来呢，可以描述自己的感受——“可是我耳朵快爆炸了”。如果真的受不了，可以带孩子离开现场，或者把耳塞挂上，忍耐一下。错误的行为主义教育模式如“手指弹唇、掌嘴、捂嘴”等，只会让孩子更沮丧，进而变本加厉地喊叫，最后让全家都乱作一团。

其实，父母只要学会不让孩子的行为操纵我们的情绪，学会打手势——“你怎么啦？哪里痛吗？难过吗？开心吗？饥饿吗？……”不论有没有猜中，宝宝立刻就能够从这些关心的问话中得到心理安慰。

下次当孩子发泄情绪，却还没有足够的沟通能力时，记得把他想象成派遣到俄罗斯的工作人员，体会他那种有苦说不出的心情。任何人在沮丧时，如果有人能走过来拍拍他的肩膀，问一声：“你还好吗？”不管这个人是否真能帮上忙，都会让人感到温暖。

第22课

语言发展迟缓，要考虑自闭症：早期发现，早期诊断，早期治疗

有一天，一位妈妈推着双胞胎的婴儿推车，来到我狭小的诊室，她的两个孩子一男一女，龙凤胎，差不多有1岁半大。妹妹从一进门，就有点儿局促不安，眼神不时观察着我，想知道我是谁，想对她做什么，身体扭来扭去，想要妈妈抱；哥哥则乖乖地坐在婴儿推车上，不吵不闹，看起来不太害怕的样子。

但是妈妈今天带来就诊的，并不是那个准备逃跑的妹妹，反而是过度冷静、没什么反应的哥哥。哥哥到现在还不太会说话，而且也不太理人，常常一个人处于出神的状态。当妹妹已经会挥手表示再见，用手指指出她想要的物品以及照相时会依照大人的指令看相机时，哥哥却毫无反应，大部分时间甚至连看都不看你一眼。

妈妈虽然不是专业人士，但根据自己每天照顾两个孩子的经验，她强烈地怀疑哥哥的发育情况不太正常。来诊室之前，妈妈已经询问过两位医

生的意见，医生们都告诉她，男生说话本来就比较晚，看他活动量不错，会走会跑，应该“再观察观察”。

妈妈不放心，决定找第三位医生确诊，看看儿子是否有自闭症倾向。

早期发现自闭儿童，3岁之前是治疗黄金时期

在前面的章节中我曾经反复提醒，当发现儿童语言发育迟缓时，有两个疾病需要诊断：第一，听力障碍；第二，自闭症。要确诊儿童听力障碍很简单，做个听力测试就行了，但说到自闭症的早期诊断，恐怕就没有那么容易了。

美国儿科医学会和美国疾病控制中心从2007年开始推行一项“医生早期发现自闭儿童的运动”，这项运动的口号是：Autism A.L.A.R.M.。字母L代表的英文是listen to parents（聆听家长的声音），也就是说，专业的儿科医生其实只需要用心聆听，从家长的口中基本上就可以发现孩子早期的自闭症问题。

我们可以通过刚才提到的口号Autism A.L.A.R.M.来进行早期的诊判：

Autism is prevalent——自闭症并不罕见

每88个儿童中，就有1位有某种程度的自闭倾向。而且这些有自闭倾向的儿童，其他的发展项目不一定会受影响，因此很容易被忽略。

Listen to parents——聆听家长的声音

通常家长都能够敏锐地感觉到不对劲。如果医生怀疑某个孩子有自闭倾向，应该主动询问家长，一般情况下可以得到足够的信息。

Act early——早期诊断

利用科学的问卷，可以早期诊断自闭儿童。目前最有名的问卷叫作婴幼儿自闭症筛查表（M-CHAT），内容很简单，我会帮大家整理出来。

Refer——转至专业治疗机构

早期诊断就可以早期治疗，除了安排听力测试之外，最重要的步骤是将孩子转至早期治疗机构。目前很多城市都设有儿童早期治疗中心，提供各种早期治疗所需要的资源、空间以及专业人士。自闭儿童越早接受治疗（感觉统合、职能、游戏、音乐、艺术等方面），就越有机会恢复良好的人际沟通能力，建立自信心与正常的心智发展。

Monitor——追踪

除了转至早期治疗机构之外，当然也要追踪孩子其他的健康状况、经济状况以及家庭支持系统等。

婴幼儿自闭症筛查表

这一筛查表由20个问题组成，帮助医生和家长尽早发现孩子的心理发展问题，适合16~30个月大的婴幼儿，内容如下：

1. 如果你用手指指向房间里的某个物体，孩子会顺着你的手指转头看它吗？
2. 你的孩子会跟你玩“假装我们在干吗”的游戏吗？
3. 你的孩子喜欢爬上爬下吗？

4. 你的孩子会用手指头指着想要的东西，请你帮忙拿取吗？

5. 你的孩子会用手指头指着有趣的东西，叫你一起看吗？

6. 你的孩子会对其他小朋友产生兴趣吗？

7. 你的孩子会拿好玩的东西与你分享吗？

8. 当你叫他的名字时，孩子会转头或回应吗？

9. 当你对孩子微笑时，他会以微笑回应吗？

10. 你的孩子会走路吗？

11. 当你跟孩子说话、玩游戏时，他的眼神会看着你吗？

12. 你的孩子会不会模仿你的动作？（如挥手再见）

13. 当你转头看某个事物时，孩子会不会也好奇地转头看？

14. 你的孩子曾经说过类似“妈妈你看我”的话吗？

15. 你的孩子听得懂你的指令吗？

16. 当孩子看到新的玩具或听到奇怪的声音时，他会转头看看你的反应吗？

17. 你的孩子喜欢在你的身上跳来跳去吗？

18. 你曾经怀疑孩子听力不太好吗？

19. 你的孩子会非常近距离地盯着自己的手指头看吗？

20. 你的孩子听到嘈杂的声音会尖叫或大哭吗？（如吸尘器）

正常的孩子，前面17个题的答案应该是“会”，后面3个题的答案应该是“不会”；而自闭的孩子则相反，前面17个题都是否定的，后面3个题是肯定的。当然，不可能所有的问题都全部符合或全部不符，但只要爸爸妈妈对孩子心存疑虑，都应该让专业的人士观察一下，并且做进一步的心理评估。

一开始我提到的那位妈妈，后来听了我的建议，带孩子去做早期治疗。一年后再见面，哥哥已经可以看着我的眼睛回答问题，在家也开始和妹妹打闹玩耍了。当妈妈说起这段心酸的历程时，眼中又泛起了泪光。

我安慰她说："幸好有你这位细心的妈妈，观察入微，孩子才没有错过康复的黄金治疗期。"我替她的孩子感到开心，也默默地为孩子加油。

第五章

科学教养七大招，培养孩子的理性与感性

★ 减少言语冲突：七比一说话原则

★ 换位思考：挫败感来自理想与现实的差距

★ 控制情绪：找回优雅与自信的自己

★ 采取正确的行动：一抱二问三离开

★ 不体罚，然后呢？

★ LATER 原则：Leave, Ask, Time-out, Embrace, Review

★ 奖励诚实比惩罚说谎更有效

★ 教养意见不一致，怎么办？

★ 父母说到要做到：信任感是亲子关系的基石

前面几个章节主要是在讨论与0～3岁孩子相处的重点，即培养安全型依附关系，要建立规矩，但不需要太多。3岁以上的孩子大脑发育已经比较稳定，父母可以慢慢教给他们一些生活常规的教养内容。

然而现代家庭的困境是陪伴孩子的时间已经很少了，父母却浪费不少陪伴时间来骂孩子。一天不骂孩子真的很难吗？到底怎么样才能和孩子好好沟通呢？虽然不容易，但肯定是能够做到的；而且如果父母能做好亲子沟通，那么，将同样的原则应用到其他场合，在任何事情上你都可以成为沟通高手！

成功的亲子沟通包含四个技巧：第一，减少言语冲突；第二，换位思考；第三，控制情绪；第四，采取正确的行动。

下面，让我们来详细了解亲子沟通的这四个技巧。

第23课

减少言语冲突：七比一说话原则

“不要！”很多父母都会发现家里两三岁的孩子突然变得爱唱反调。于是，有些父母想用权威来压制孩子，但没想到越压制，孩子脾气越执拗，进而导致亲子之间关系紧张。

所以，父母们，请你们先放轻松，别紧张！孩子从会说话到3岁之间，常常会有这种脱口而出的负面表达，我们称之为逆反行为。逆反行为的形成，是因为孩子发现说“不”是一件很威风的事。喊一声“不要”，可以拥有大人才能行使的权利，从而改变事情的走向，吸引父母的注意。对幼儿来说，这种游戏既简单又有趣！

在这一阶段，对于不喜欢的事情，孩子会说不；对于喜欢的事情，他们也会说不：穿这件衣服？不要；那换一件？也不要；去睡觉？不要；那起床？也不要。在孩子看来，不合作比合作好玩儿，逆反比听话好玩儿。父母千万不要因此灰心失望，这是孩子的正常发育过程。

父母也不要因此觉得孩子的行为是针对你们的。在这个正常的逆反时期，孩子说“不要”的意思并不是真的“不要”，而比较像是“一定要吗”或者是“你是认真的吗”。他们正处在一个建立自我认知与养成独立意志的阶段，这个逆反期大概会持续一年，父母可以轻松对待，有点儿幽默感，当作一个有趣的过程就可以了。

减少负面言语

当孩子整天跟我们说“不”时，父母也应该趁机反省一下，我们自己是否也时常使用负面言语呢？如果孩子发现说“不”是一种彰显权利的表现，那么让他产生这种想法的就是父母或其他家人，因为你们时常对孩子说“不可以”。

在第一章介绍成长型思维时，我列举了负面言语的三大影响：让孩子觉得自己很糟糕（个人化），什么事情都做不好（广泛化），而且永远都做不好（永久化）。因此父母应该减少负面言语的使用，少说“不可以、不行、不准、不乖”，这其实一点儿也不难。还记得我说的“抓大放小——一次只规劝一件事”的原则吗？家长每月制订一个教养主题，全家人约好本月只能指出孩子的“这一个”错误，其他先放着不管，让孩子减少被负面言语伤害的机会。

除了执行抓大放小策略之外，我们也可以遵循专家建议的五种说话术，（表5-1）反复练习之后，每天使用正面言语来取代负面言语。

表5-1 减少冲突的说话术

原则	失败	成功
“不要”变成“要”	不要乱跑	来，绕着妈妈跑
尽量出选择题	吃饭了，还不赶快坐下	今天吃饭你想坐在爸爸旁边还是妈妈旁边
喜欢搭配不喜欢	不吃完青菜不准下来	吃完青菜就可以马上进入开心的听故事时间
事先提醒	时间到了，回家	还有10分钟哦！剩下5分钟我会再提醒你的
允许孩子说“不”	你想穿哪一件外套？（都不想、我很热）不行，快点儿决定	好，那你冷了再告诉我

把“不要”变成“要”

第一招，是把“不要”的指令变成“要”。比如说，孩子在沙发上跳，这本来是不允许的，但是本月教养主题并不是规劝孩子别在沙发上跳，不能把规劝的言语用在这个场景上，那该怎么办呢？

让我们把“不要”的指令变成“要”，跟孩子说：

来！到这里跳，我跟你比赛看谁跳得高。

走！我们去买个弹簧床，让你开心地跳。

来！我们去公园玩，比赛跳格子！

就这样，我们没有使用半个负面词语，但让孩子放弃了危险的游戏。用正面的“好，可以，你可以跳，我们找个安全的地方跳”来转移孩子的注意力，这样的说话方法需要发挥一些创意，只要你从现在开始反复练习，很快就能得心应手。

尽量出选择题

“你去做某件事！”这种命令句最大的缺点，就是让孩子有机会直接回一句“不要”，气氛立即就僵住了。但如果我们使用一点儿技巧，让孩子误以为自己有选择的权利，但其实结局依然掌握在父母手里，这样的沟通就高明多了。

比如家长想要说“穿件外套再出门”，不如改成：

> 你想穿红色的外套，还是蓝色的？
>
> 你想把外套拿在手上，还是穿在身上？
>
> 你今天穿这件外套，希望妈妈搭配红色的衣服，还是蓝色的？

感受到选择题的威力了吗？如果公司的领导都用这种说话方式，而不是只会用命令句，你也会喜欢他，甘心为公司拼命工作吧。做选择题，让人感觉在某个框架之内，自己多多少少得到了一些尊重，这也是亲子沟通中重要的技巧之一。

喜欢搭配不喜欢

你喜欢加班吗？不喜欢，但是为了加班费，我愿意。你喜欢出差吗？不喜欢，但是如果出差可以吃到美食，那我勉强愿意。你喜欢运动吗？不喜欢。但是跟所爱的人一起运动呢？那就可以考虑考虑。既然这个道理大人们都懂，为什么我们不把同样的方法用在亲子沟通上呢？

每个孩子都有自己不喜欢做的事，有的不爱洗澡，有的不肯上厕所。那些在大人眼中天经地义的事，可能对孩子而言却是苦差事。但如果父母可以把一件孩子讨厌的事，搭配一项他喜欢的活动，久而久之，孩子就会自发地去做，大人也就无须再每天唠叨了。

所以我们可以对孩子这样说：

> 爸爸在房间选好你喜欢的故事书，洗完澡来听故事哦。
>
> 每周吃一口你不喜欢的蔬菜，就可以挑一张你喜欢的贴纸。
>
> 写完功课，我陪你玩一次电子游戏。

讨厌的事搭配喜欢的事一起做，感觉就没那么讨厌了，而且效率也会更高。你可能会说："这么小就跟父母讨价还价，将来怎么得了？"但我们也可以正向思考一下，孩子这么小就懂得跟父母谈条件，长大后不会吃亏，肯定是个优秀的沟通人才。

但父母还是要掌握说话的技巧，要跟孩子说"如果你做了这件你不喜欢的事，就可以额外得到喜欢的东西"，而不是"如果你不做，我就剥夺你什么"。后面这句话会带给孩子更多的负能量，而且有损于亲子间的安全型依附关系，让孩子误以为必须表现良好，才能换得父母的爱。

正如我们也喜欢公司领导说"谁愿意做这件苦差事，给你额外的奖金"，而不是说"这件事谁不肯做，就扣谁年终奖金"。既然我们也讨厌后面这种领导，那么，请引以为戒。

事先提醒

"事先提醒"是一项非常重要的组织技巧。任何活动都有开始和结束，若能事先提醒孩子"还有10分钟""还有5分钟"，就可以顺利地带领100个孩子按时进行各种活动。

当孩子的注意力还在某一个游戏上时，如果强制中断，让他立刻停下来并上床睡觉，或立刻结束游戏回家，通常都会换来孩子不甘愿的哀号声。所以请父母记住：任何活动转换都要事先给孩子提醒，让他有一定的缓冲时间：

> 再过5分钟要吃饭喽！我会再来提醒你。
>
> 再过半小时要出门了，你看完这一集动画片，时间刚刚好。
>
> 你还想玩多久，告诉妈妈。10分钟？好，那我设定10分钟的闹铃。我再多给你5分钟，15分钟。

如果时间到了，孩子还是不肯守信用，请你先把孩子带离现场，让他先远离诱惑，冷静下来，然后请孩子再次确认："真的还想再玩吗？"如果真的非常非常想留下，可以啊，要拿什么来交换？故事时间？点心时间？动画片时间？

育儿有时候真的很像在职场谈判，孩子想要单方面解除约定，可以啊，那你拿什么跟我交换？每天跟孩子玩这个，就像真人版的大富翁游戏，换个角度想其实非常有趣，家长们应该好好享受这一过程。

允许孩子说"不"

如果你碰到过那种"永远不准你提出反对意见"的公司领导，一定早早就想辞职了。这种一言堂的领导作风，很像古时候的皇帝，一般人是难以忍受的。

处于逆反期的孩子，其实是希望通过说"不要"两个字，来展现自己的存在感。即使我们已经具备以上四种沟通技巧，增加了孩子的自主权，减少了他们说“不要”的机会，肯定还会出现一些状况，让这四种沟通技巧都不管用：

宝贝，今天你想穿红色的外套，还是蓝色的？

我都不要！

父母的招数瞬间被破解了，怎么办？先别急着回应，可以跟孩子说：

妈妈想一下，再回答你。

如果孩子不穿外套，最糟的结果是什么？就是会冷！冷会不会感冒呢？《黄瑽宁医生陪你健康育儿》中提到，着凉跟感冒没有直接关系。但妈妈可以带一件小薄外套，放在包里，万一孩子觉得冷了，就可以拿出来给他穿。于是，你可以这样回答孩子：

好，那今天就不穿外套。

如果你从来没有给过孩子决定权，这一招可能会吓孩子一跳。哇，今天我可以自己做主啦！妈妈尊重我的想法，我长大了。但出门之后，孩子果然冻得全身发抖，这时候妈妈千万不要说“看吧，你真活该”等落井下石的话。如果这时候羞辱孩子，等于在告诉他“你就是笨，听我的多好”，这样不利于培养成长型思维。

帮孩子披上外套后，你可以拿出手机，让孩子看看天气预报，气温20℃。“妈妈现在出门前，都会先看天气预报，25℃以下我一定会穿外套，不然就会感到冷。下次你感到冷的时候，我们就来看一下当时的气温，或许你比妈妈厉害，20℃才觉得冷，那以后你就知道，20℃必须带外套出门。”

生活的智慧就是这样一点一滴教出来的，而且这样一来，孩子的大脑就可以把“穿外套”和“感到冷”联想在一起，而不是和“被妈妈骂”联想在一起。如果孩子只知道不穿外套会被妈妈骂，那下次跟爸爸出门，没人骂，孩子依然不愿意穿外套，而事情也就不会有改善和发展的可能。

有些事情不能妥协

少数不能妥协的问题，就不需要问孩子的意愿。比如坐汽车安全座椅，我们可以直接跟孩子说“请坐上安全座椅”，而不是询问“要不要坐”。问孩子要不要，表示他可以自由选择，但有些事情不能妥协，就别让孩子产生错觉了。

在合适的时候，可以试着让孩子了解汽车安全座椅的必要性，进行安全教育。

七比一原则

简单来说，通过“把不要变成要、尽量出选择题、喜欢搭配不喜欢、事先提醒、允许孩子说‘不’”这五个减少冲突的说话技巧，将同一件事情从负面表述转为正面表述，是我们期望达成的目标。

家长可以给自己设下一个“七比一原则”，即对孩子每说一句负面表述的话，就请补上七句中性或正面表述的话语。比如，当你对孩子脱口而出“你不要一直烦我”，话已出口，覆水难收，补偿的方法就是在之后补上七句正面表述的话，来稀释这句话带来的负能量。

合理运用说话技巧来减少言语冲突，可以制造和谐气氛。父母应该学会换位思考，贴近孩子的心，这样才能沟通顺畅。

第24课
换位思考：挫败感来自理想与现实的差距

★★★★★

在解释换位思考之前，让我们再一次复述正向思考的口诀：孩子不是故意的，我生气是有原因的，帮助孩子解决问题，帮助自己走出困境。

在成人世界里，良好的沟通来自双方彼此换位思考；不过在亲子相处的模式中，尤其是面对学龄前儿童，恐怕父母的同理心要远远高出孩子的同理心。孩子在5岁前大部分是以自我为中心的思考模式，很难实现真正的换位思考。因此如果父母能在这段时间给予良好的身教，那么孩子就能通过模仿，慢慢地学习换位思考。

说“孩子不是故意的”，并不是让父母事事替孩子开脱，任由他犯错而不用负责任，而是鼓励父母，当看到孩子没有做好一件事情，或者莫名其妙地发脾气时，可以先从孩子的角度出发想一想：他怎么了？是累了还是害怕？焦虑？挫折？先有这样的“好奇心”，才能一步一步陪着孩子解决问题。

如果你还不习惯这种同理心的思考模式，我们可以先从一句话来开始练习——孩子的挫败感，通常来自他心目中理想与现实的差距。在孩子的理想世界中，妈妈可以随时随地陪着他，但现实世界并非如此，所以他感到挫败。孩子理想世界中的自己，是自由自在、随心所欲，像超人一样无所不能的；然而现实世界中的他是软弱的，是无助的，所以他会生气，会大哭。

父母如果愿意通过换位思考，理解幼儿心目中现实与理想的差距，走进他的内心世界，悉心呵护他，孩子就可以在父母的呵护中，渐渐接受这个现实世界。

挫败感来自理想与现实的差距

我的小女儿两岁多的时候，有一天在外面画了一张可爱的画，她非常喜欢。女儿跟妈妈说，她想把这幅画带回家，妈妈说好啊，说着就要把那张纸对折，塞进小包包里。

就在这时，小女儿大声尖叫："不能折，不能折！不要把画给弄坏！"妈妈说："可是这张纸太大了，不折，就塞不进包包里去啊！如果你不让折，那就不能带回家了。"女儿说："我要带回家！我想要放进包包里！"接着就放声大哭。

在大人的世界里，这显然就是无理取闹，但是在两岁多孩子的小脑袋中，这就是理想和现实的差距。在孩子的小脑袋里面，有一个不切实际的幻想，而现实生活却无法满足他，因此他会感到焦虑、挫败、生气，会大哭大叫，而父母面对大喊大叫的孩子则会怒火中烧。如果我们能站在孩子的角度进行换位思考，就能理解这是孩子正常的发展阶段，然后再用孩子能接受的说话方式，跟他们一起想办法解决问题。

当天，我们没有大声责骂女儿。我妻子只是抱起了女儿，不疾不徐地离开现场，在她耳边说:“你想把画带回家，又想放进妈妈的小皮包，我知道了，可是妈妈做不到啊！你有点儿累了，妈妈抱抱你，我们先回家吧。”

不是教孩子不害怕，而是陪着孩子找到勇气

除了不切实际的想法之外，孩子在年幼时也有一些独特甚至莫名其妙的恐惧来源。父母们都长大了，离童年太远，常常会忘记自己小时候也同样有一些说不出口的恐惧。8个月的婴儿害怕陌生人；11个月的婴儿开始有分离焦虑；2岁的孩子怕打雷，怕大卡车；3岁的孩子怕黑，怕电梯超重时发出的哔哔声；6岁的孩子开始担心生病，害怕上台，害怕新闻画面中的天灾人祸。（表5–2）

表5–2 不同年龄段的儿童有不同的焦虑来源

0~2岁	巨大声响、陌生人、与父母分离、庞然大物
3~6岁	想象出来的事物或情境，如怪兽、黑暗、怪声音等
7~16岁	害怕真实的事物，如受伤、疾病、上台表演、死亡、自然灾害等

当孩子害怕的时候，父母常常会脱口而出“这有什么好怕的”，这句话非常不好。孩子会害怕是正常的，我们大人也有害怕的人和事物。这样说是贬低孩子，可能会让孩子觉得“我就是一个胆小的人，很糟糕，没救了”，那么之后面对很多新事物，他也会变得不愿意尝试。

孩子当然可以害怕，而且有些事情应该要害怕，父母的责任不是教孩子“不要害怕”，而是应该陪孩子“找到勇气”。

我曾经在2018年创作了一本图画书，书名叫作《就只有这么痛而

己》。在这本图画书中，我利用衣夹夹皮肤的疼痛感来比喻打针时的疼痛。读完图画书后，我送给孩子们一人一个衣夹，让他们带在身上，赋予他们面对打针带来的疼痛时的勇气。就这么简单的一个举动，竟然因此减少了孩子对打针的恐惧感，而且这并不是个案，是我在6所小学的临床试验中得到的结论。

在许多孩子心中，打针的疼痛感是一个很抽象的概念，想象力丰富的孩子则会将恐惧感无限放大——很疼，超级疼，宇宙无敌疼……讲完故事之后，我会告诉他们：打针绝对会疼，但最多就像是被夹子夹到一样疼而已；现在你可以自己玩玩看，感受一下夹子夹皮肤到底有多疼，等一下打针时，就是这么疼。

这个方法应用了认知行为治疗的理论，引导孩子从父母的示范行为中，学到找寻勇气的成功经验。找寻勇气的能力非常重要，毕竟孩子的人生很长，未来一定还会有其他事情让他们感到恐惧、害怕、焦虑。到那时候，他们就会想起父母曾经教他们“找到勇气”的方法，进而挺身面对困难与挫折。

没有孩子会希望自己做不好

指控孩子“不用心”，是对他们自信心的最大打击。世界上根本没有不用心的孩子，只有一直找不到适合自己的学习方法的孩子。因为一直找不到方法，自信心不断被打击，所以孩子才选择放弃。

我曾经家访过一个孩子，她即将小学毕业，但因为学习障碍，始终无法学会手写汉字。她妈妈曾经用各种方法对她严加管教，学校也专门派了老师帮助她，她的姐姐也热心地督促她学习，但都以失败收场。所有教过她的人都说“这孩子就是不用心”。

我看着眼前这个11岁的女孩——她的头垂得低低的，不敢看我的眼睛。但是她并不是真的不用心，而是没有人发现她实际罹患一种叫作“中枢听知觉处理异常”的疾病。中枢听知觉处理异常的孩子，问题不在听力，也不在智商，而是在两者中间的“邮差”。“邮差”不工作了，就会让人感觉孩子“不专心、不用心、故意不想做”。其实，只要医生给予专业的帮助，她就可以找到适当的学习方法，至少可以慢慢进步。只可惜这么多年来，她从来没有得到正确的引导，我怀疑她的自信心已经被消磨得所剩无几。

反观其他孩子，虽然没有这么严重的学习障碍，但一定也有某些听觉、视觉或运动细胞等的弱点。每个孩子都有适合他自己的学习方法，只是还没摸索出来，但是父母却急着给孩子贴上“不用心”的标签，久而久之，他就会被你说服了——妈妈说得对，我就是个不用心的人。

失去了努力的动机之后，原本的学习困境就更不可能突破。因此，理解孩子的先天弱点，告诉孩子他不是不愿意努力，只是还没找到适合他的方法，这就是换位思考，才不会扼杀他的成长型思维。其他有关学习障碍的议题，在本书第八章会有更详尽的叙述。

第25课
控制情绪：找回优雅与自信的自己

现在大家已经学会了亲子沟通的两个重点：减少言语冲突和换位思考。但是当孩子闯祸时，面对闯祸现场，让爸爸妈妈保持优雅，稳住情绪，不吼不叫，实在是太困难了。

我仿佛已经听到父母的心声："黄医生，您一直让我理解孩子的情绪，可是我也快要崩溃了，请问谁来理解我呢？"大家的心声我听到了，在这一节，让我们一起互相理解，对自己好一些，找回优雅与自信，不再成为失控的吼叫派。

颜色加上物体的冥想

睡眠不足的你，牺牲睡眠时间给孩子精心煮了一顿午餐，但孩子不仅不领情，还在餐桌上大发脾气不肯吃，最后"啪"的一声把碗打翻在地。这个场面是否会让你发狂？

这时候如果你扯开嗓子大喊，可能什么难听的话都能说出口，但是你总不能天天失控。生气的时候，让我们做个冥想训练，浇熄你满腔的怒火，这个方法叫作“颜色加上物体的冥想训练”。

如果孩子闯了祸，父母先把目光转移到孩子以外的地方，观察四周，看到什么物体，就在心中默念那个物体的名字和它的颜色。比如：

红色的沙发，绿色的植物盆栽。

白色的天花板，棕色的地毯。

菱格纹的手提包，千鸟纹的大衣外套。

如果你尝试过从1数到10来平复自己的情绪，就会发现颜色与物体的冥想，会比从1数到10更有效。颜色是抽象名词，物体是实体名词，当你默念颜色加上物体时，大脑会动用很多的区块进行思考，直到你的情绪中枢（所谓的杏仁核）注意力被转移，情绪逐渐稳定下来。当然，这一方法并没有解决问题，只是让你冷静的第一步，让你从暴怒的情绪中暂时抽离，仅此而已。

探究自己生气的原因

冷静下来之后，你再回头看看做错事的小孩与满地的饭菜，这时候你可以简单地告诉孩子“妈妈生气了”。在你收拾残局时，可以默默地反问自己：“我生气的原因是什么？”

我生气，是因为我每天都睡不够，全身酸痛，我很疲惫。

我生气，是因为家里的老人常说孩子太瘦小，一定是营养不良，我觉得自己很失败。

我生气，是因为家务都是我一个人做，老公不闻不问，我觉得压力太大。

“生气”是一个非常表面化的情绪，生气背后可以挖掘出许多深层的情绪——因疲惫而生气，因孤单而生气，因自责而生气……然而，将这些情绪转嫁给孩子，变成对孩子的斥责，是对孩子的不公平。

既然这些深层的压力无法通过对孩子大吼大叫得到有效缓解，不如收起脾气，等晚上夫妻谈心时，一起想出好办法，切实帮助自己走出困境。

倾听也是一种疗愈

有时候夫妻生气的原因是既定的事实，无法改变，比如工作压力、经济压力、婆媳关系带来的家庭压力等。遇到这种情况，虽然暂时讨论不出解决问题的办法，至少另一半可以成为最好的倾听者，什么话都不必说，安静地倾听就够了。

丈夫常常觉得妻子在抱怨，就是身为男人的失败。有时候不等另一半说完，男人就急着出主意：“你就应该这样做，就应该那样做。我早就说过了，这件事是可以解决的，你当初就犹豫不决……”才说到一半，妻子已经生气了：“所以你的意思是，这一切痛苦都是我自找的，是吧？我就是笨，就是傻，活该。”

如果问题可以解决，当然好，但千万不要忘了，许多妈妈只是需要被倾听，而被倾听本身就是一种疗愈。牵着手听对方抱怨，按摩一下另一半的肩膀，暂时当一个不会顶嘴的情绪垃圾桶。你妻子嘴上说“都是你的错”，其实是在倾诉“我真的感到很难过”。别把丈夫的“你是在抱怨什么”当作不体贴，其实他是在说“我压力也很大，我也不知道该怎么办”。我们都是新手父母，生活在这瞬息万变的时代，对现在的生活不满足，对未来的生活感到焦虑，这是婚姻的必经之路。在本书的最后一章，我将特别讲述如何经营夫妻之道。

给自己创造独处的时光

还记得结婚头几年，孩子的爷爷奶奶每周末都会邀请我们夫妻和孙子孙女回老家聚餐聊天。有一天，我妻子很为难地跟我说，希望由我转告我父母，周末我带孩子回老家就好，让她一个人在家休息。乍听到这样的请求，我的背脊忽然凉了起来，心里想着：惨了！每个男人的梦魇——婆媳关系难题，莫非要开始折磨我的婚姻了？

然而，接下来妻子说的理由，却十分合情合理。她说：“最近常常对你、对孩子发脾气，我觉得问题在我，我需要一些独处的时间，能够暂时把压力卸下。尤其是吃饭的时间，现在每周7天，一天3餐，21餐都和小孩一起吃，从准备、喂食、收拾到清理，真的让我心力交瘁。所以我想请你带孩子回爷爷奶奶家，让我每个星期有一个晚上可以独自待着，不被打扰，安安静静地吃顿饭、看个电视，这样就很幸福了。”

我毫不犹豫地答应了。

要沉淀自己、重新找回优雅的生活方式有很多方法，妈妈们的需求也各不相同。有些妈妈需要独处时间，有些妈妈希望拥有单独约会的时间，有些妈妈觉得家务太多，夫妻需要重新分工或者花钱请帮手等。当然也不只是妈妈，爸爸也有他的需求，需要妻子理解，共同分担。我个人认为，在孩子3岁之前，能用钱解决的事，都没什么必要省。

我是一个好妈妈，我是一个好爸爸

没有自信的父母，很容易把自己的挫败感转化成暴怒、生气、怨怼的情绪，进而伤害身边的人。所以我们一定要找回身为父母的自信心，去对抗他人负面评价的眼光，正面告诉自己：我是一个好妈妈，我是一个好爸爸。

不过如果只是自我催眠“我很好、我很棒”，这是阿Q精神，对找回自信没什么实质性的帮助。另外有些父母经常把孩子拿来跟其他人比较，“至少我的孩子比谁谁谁表现好”，把孩子当作好妈妈的成绩单，这更不可取。

想要建立好妈妈、好爸爸的自信，你可以这样做：发生一件开心的事后，你可以自问，我做了什么努力让这件好事发生？这份努力凸显了我哪一项人格特质？（图5–1）

图5–1　我是好妈妈、好爸爸——赞美自己三部曲

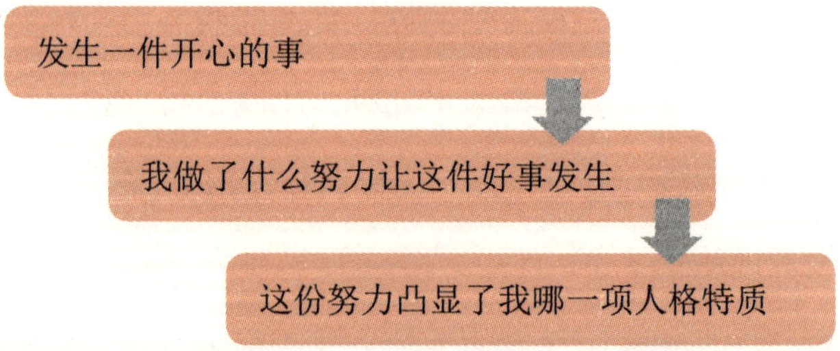

有一天，我儿子在球场上练习投篮，连投20次都投不进，但是他屡败屡战、越挫越勇，最后一次终于成功投进。太棒了！发生了这么一件让人开心的事，让我赶快想一想我做了什么努力才让这件好事发生。

我的努力，是今天放下工作，挤出时间陪伴孩子；我的努力，是当他屡投不进的时候，按捺着情绪，没有露出失望的表情；我的努力，是绞尽脑汁，用了各种不同的比喻，让孩子找到投篮的诀窍；我的努力，是球投进的一刹那，跟着孩子一同欢呼，而且答应他每周陪他来练习。

称赞自己的努力还不够，请大家一定要明白，努力并不等于成功。如果下次我一样努力陪伴孩子，他却没有取得任何成果，难道我就不是好爸爸了吗？当然不。

所以下一个问题是：我的努力凸显了我哪一项人格特质？我愿意放下工作陪孩子，代表我是个优先级分明的人；在孩子失败时我没发脾气，代表我情绪控制能力佳；努力找出孩子听得懂的方式，指导他投篮，代表我是一个具有换位思考能力、有同理心的人；答应每周陪孩子练习，并且说到做到，代表我是个诚信的人。

好事发生之后，凸显出自己拥有这些特质——爱家、理智、有同理心、诚信，所以我是个好爸爸。这样一来，下次就算我儿子考试成绩不及格，投篮投100次都落空，我依然是个好爸爸，因为那些品格会驱使我继续努力，这就是我身为好爸爸的自信心。

不把孩子的成就当作父母自己的成绩单

绝对不可以把孩子的成就，当作父母自己的“成绩单”。用孩子的成就往自己脸上贴金的父母，不仅永远也优雅不起来，自信心也会跟着孩子的成败起起落落，最后亲子关系注定不可控！

如果你把孩子的成就当作自己的，你的孩子有两条路可走：第一条路是达不到父母的要求，自暴自弃，自怜一生；第二条路是达到父母的要求，功成名就，但是与父母的情感疏离，或者相敬如宾。

想一想网球名将阿加西，他的父亲把孩子的网球水平当作自己的成绩单，并且用斯巴达式的教育逼着他们兄弟姐妹练球。最后，阿加西的哥哥、姐姐走上第一条路，以自暴自弃收场；而阿加西看似幸运，走上了第二条路。但功成名就之后，他写了一本自传，让全世界的人都知道他父亲有多恶劣。他们父子也形同陌路。

我想，这两种结局，父母都不想要。

第26课
采取正确的行动：一抱二问三离开

★★★★★

我们来想象一下，你的孩子在公共场合失控、大声尖叫，然后乱打人，这时候该怎么办呢？有一句口诀，大家可以跟着念一遍：一抱二问三离开，我受不了啦，谢谢你。

一抱

当孩子情绪失控时，不论对错，先给他一些安慰吧！先蹲下来抱抱他，或拍拍他的肩膀，给他一点儿支持。如果你暂时走不开，也可以先跟孩子说："妈妈现在没办法安慰你，我知道你现在很难过，等我一下，我就来哦！"总之，不要假装没听到，"不要理他，他哭一会儿自己就会停了"，这样的想法是错误的。

如果孩子情绪持续失控，有攻击他人的行为，可以用力将他抱紧。抱紧的时候，在孩子耳边说，妈妈在这里陪你，不要怕！

二问

第一个步骤是先拥抱他进行安慰，第二个步骤是问孩子:“发生了什么？”“你是因为没有玩到玩具生气吗？”“你是因为肚子饿了所以生气吗？”“你觉得他抢了你的东西所以生气吗？”同理的过程就是疗愈。说话速度放慢，父母的情绪不要过于激动，要让孩子在你怀里感到安心。

虽然孩子也有可能做错了事，但不要先给孩子的行为贴上标签，立刻下结论:“你打人就是不对！”“我看到是你先动手的！”“那是别人的玩具！”这些大道理要等孩子情绪平复下来之后再来讨论。父母的身份首先是心理辅导师，而不是法官，无须立即判断谁是谁非。如果现场已经伤害到其他孩子，请先跟其他孩子的家长道歉。切记不要当着外人的面处罚自己的孩子，就算要处罚也要等情绪冷静下来之后。

三离开

一抱二问之后，如果孩子情绪仍然无法平复（比如还在尖叫），就先带孩子离开现场，或转移孩子的注意力。有些孩子年龄太小，怎么哄都停不下来，但只要离开现场，不再看见让他伤心的地方，他就可以停止哭泣。

离开现场也是一种让孩子学习“抉择”的过程。比如去商场之前，先跟孩子约定好，今天不买玩具。但到了商场之后，如果孩子反悔，开始在地上打滚，先把他抱起来（一抱），再告诉他“我知道你很喜欢这个玩具，可是我们约好今天不买的”（二问）。如果还是无法沟通，就直接带回家（三离开）。这种果断的离开，会让孩子慢慢理解这是一种抉择——接受父母的善意，就可以多玩多看，但如果拒绝父母的善意，就会被直接带回家。

我受不了啦，谢谢你

一抱二问三离开之后呢？如果孩子已经被带离现场，还是止不住尖叫哭泣，这时候大人可以诚实地告诉孩子，我受不了啦！

根据研究，成年人在婴幼儿的哭声中，平均能忍受的时间约为15分钟。超过15分钟，家长就会心跳加速、血压升高、情绪失控。在孩子面前诚实地表达自己的情绪，也是一件很重要的事，你可以告诉孩子："你的哭声太大，我受不了。"然后带孩子离开现场，进入冷处理的环节。

冷处理是在安抚无效之后的措施，而不是一开始哭泣就立刻执行。

如果是在家里，冷处理可以选择先离开房间（别关门，请把孩子放在安全的环境里），接着拿耳塞塞住耳朵，或者戴上耳机听音乐，总之是用各种方式让自己的情绪冷静下来。在离开的时候，梳理一下事件发生的来龙去脉，身为大人需要做出哪些改进，避免下次再发生同样的情况。

如果孩子停止哭泣，或是边哭边跑来找你，可以再给他一些安抚，但如果他继续大叫，只好再度表达："我真的受不了！对不起，妈妈耳朵很不舒服。"然后再离开。当孩子真正恢复理智后，请立刻给予正面的回馈："谢谢你！"

"谢谢你"这三个字，千万千万要记得说。

不要试图操控别人，你唯一能掌控的，只有你自己

近几年来，奥地利精神病学家阿尔弗雷德·阿德勒（Alfred Adler）的个体心理学派很流行。这个学派有一个重要的观点，就是"不要试图操控别人，你唯一能掌控的，只有你自己"。碰到孩子情绪失控的情况，一直想要操控对方，比如"你停下来！""你不要哭！""你好好讲话！""给

你吃糖果！”“让你看动画片”……这都会带来教养苦果。

不要试图操控孩子，当他情绪失控时，与其告诉孩子“你该如何如何”，不如更直接地告诉孩子“我的感受是怎样的”，让孩子自己决定下一步该怎么做。

父母诚实地告诉孩子自己的感受——“我受不了，我生气了，我难过了”。而当孩子恢复理智，停止哭闹，回过头来跟你示好时，你要表达感谢：“谢谢你愿意理解我的感受，谢谢你在乎我。”这是亲子冲突后最重要的一句话。

下次怎么做才能更好

刚才提到在冷静的时候，可以思考一下自己发脾气的原因：是哪个环节出了问题？下次该怎么做会更好？

父母可以反省一下：时间安排是否可以更合理？是否不该在孩子睡午觉的时候出门？游戏环境是否能避开某些危险？一起玩的孩子是否要筛选？经过思考，父母或许会发现很多可以优化的选项，调整后也许可以减少或避免孩子情绪失控。

当孩子情绪稳定之后，父母可以带他再去一次现场，把整个冲突的过程描述一遍，听听孩子怎么说，然后把你的观点加进去。“那个小孩踢我，因为他插队，我不让，所以他就踢我，然后我就咬他。”啊，原来如此，所以孩子失控是有原因的，那下次孩子可以怎么做呢？可以告诉孩子，如果有人再插队，你可以大声喊“不要插队”，让大家都听到，或者直接叫妈妈或者告诉老师，让大人来帮你处理。

生气可以，但是还有更好的方法

孩子的失控行为，比如打人、咬人、踢人、尖叫等，其实都是情绪反击的本能，父母先不要过于担忧，不必杞人忧天，比如害怕孩子现在打人，将来会成为罪犯之类。我们可以在理解孩子情绪的同时，帮他想一想，还有没有其他更好的表达方式。

我们可以告诉孩子：生气可以，但咬人不太好。下次生气的时候，可以试试跺脚，看看行不行；如果跺脚不够，可以试试打出气玩偶，看看行不行；打出气玩偶不够，可以来找妈妈拿冷静瓶摇一摇，看看行不行。有很多妈妈知道怎么做冷静瓶，对有些孩子来说，摇一摇冷静瓶很减压，但平常要把它收起来，只有生气时才可以拿出来摇。你也可以试着做一个。

冷静瓶制作材料

- 同色系亮片。大部分同色系即可，另外准备两款星星或特殊造型的大亮片，放几颗在瓶内，让孩子可以在一大堆相似的亮片中寻找不同的主角亮片。
- 透明胶水。
- 强力胶。粘好瓶盖，避免孩子把瓶子打开时将瓶里的东西弄得到处都是。
- 透明塑料瓶。可以用小瓶，也可以用大瓶。小瓶方便带出门用，大瓶放在家里用。

制作方法

- 温水与胶水比例约7：3，装约7分满。用温水能比较快地将胶水溶解。

* 根据喜好将大小亮片随意放入瓶中。
* 盖上瓶盖，看看瓶内液体流速的快慢，若流速太快就再加一些胶水，若流速太慢则加温水，调整好后，再将瓶口封死。

至于哪一个方法会有效，每个孩子的个性不同，不能一概而论。但重点是事后跟孩子讨论生气时该怎么减压，找出孩子觉得不错、你也觉得有效的方法，这个过程才是最理想的育儿方式。就这样，我们一步一步完成了正向思考中的帮助孩子解决问题这一课题。

通过减少言语冲突、换位思考、控制情绪、采取正确的行动这些方法，我们就可以实际操作正向思考的教养原则：孩子不是故意的，我生气是有原因的，帮助孩子解决问题，帮助自己走出困境。在这样的改变之下，不仅父母暴怒的概率会大大降低，连孩子暴怒的机会都可以大幅减少，而且几乎用不上什么处罚的招数。

处罚带来的是恐惧，而爱里最不需要的就是恐惧，所以，处罚孩子永远是教养方法的最后一招。但是在有些时候，为防止孩子伤害他人，我们必须制定一些家规以及明确的处罚规矩。

第27课
不体罚，然后呢？

★★★★★

你还在体罚孩子吗？我可以明确地说出结论：体罚并非不可以，但肯定是最懒惰的教养方式。

关于体罚的研究

2010年，美国《儿科医学杂志》刊登了一篇文章。杜兰大学的研究者追踪两千多名孩子长达7年，得出结论：3岁之前，如果每个月被打两次屁股，长大以后这些孩子的攻击行为会增加50%。要知道美国人的体罚是不使用“武器”的，不像亚洲父母会拿衣架、竹条打孩子，这在美国是要被指控虐待儿童的。

当然，也有反证。美国杜克大学心理学和神经科学教授肯尼斯·道奇（Kenneth Dodge）就举出多项研究成果进行反击。他追踪黑人小区家庭的教养方式，发现就算父母体罚孩子，孩子长大后的攻击行为也并不会显著增加。大众对这项研究结果有争议，当时的报纸还嘲笑此研究为“打到爽研究”，讽刺意味十分浓重。

之所以会有两种截然不同的研究结果，其实理由很简单。在白人的家庭氛围中，打孩子并不是常见的事，因此当父母打孩子的时候，都是在情绪失控的状态下，他们面目狰狞、口出恶言，因此孩子会感到非常恐惧，身心都受到伤害。但黑人小区的情况和以前的华人家庭比较类似，父母体罚孩子是家常便饭，孩子被打的时候，牙一咬，痛一下就过去了。而且不只自己挨打，兄弟姐妹和同学都被体罚过，因此孩子心里就稍微释怀，觉得父母也没有专门针对他，心灵也不会受伤。

所以如果你觉得需要体罚孩子，请记住这三个前提：第一，体罚时父母不可以带有情绪，不可以面目狰狞；第二，在孩子所处的社会环境中，体罚是家常便饭；第三，体罚过后，要跟孩子修复关系。如果这三点都做得到，或许体罚对孩子的心理健康没有太大的影响。

但是，有谁能保证每次体罚孩子自己都能心平气和？能保证自己不会面目狰狞？能保证孩子不会从别人的口中听到对体罚的负面评价？我不敢保证，所以我很少体罚孩子。就算体罚，我也一定会努力做到上述三点，避免让孩子误以为我在伤害他。

恐吓式教养只是短期内有效

很多家长确实不体罚孩子，但骂起孩子来却更伤人。父母恐吓孩子的历史非常悠久，连有些儿歌都在恐吓孩子要赶快乖乖睡，更不用说现实生活中，家长顺口就说：“不乖要找警察来抓”“不乖要叫医生来打针”“不乖要请老师带你回家”“不乖要把你赶出家门”……总之，父母就是觉得先吓吓孩子再说，合理不合理不重要。

恐吓式教养短期内可能会带来效果，但是长期使用之后，只会越来越无效。

斯坦福大学的乔纳森·弗里德曼（Jonathan Freedman）教授曾经做过一个很有名的研究。他在一个大房间里放了一个机器人，然后跟小朋友们说："我待会儿离开这个房间，谁敢碰这个机器人，我就打断他的腿。"然后他就出去了。在他离开的时间里，孩子们因为害怕被惩罚，几乎都不敢去碰那个漂亮的机器人，恐吓式教养得到了短期成效。

事情过后的第6周，这些孩子又回到同一个房间，发现漂亮的机器人还在，他们开始左顾右盼，发现大人都不在。虽然大家还记得上次有人恐吓过他们，但反正那个人不在，因此，在自由活动时间，77%的小孩都去摸了机器人。

他同时采用了另外一个做法，结果却截然不同。在孩子们第一次看到机器人时，研究者告诉孩子们一个"不能碰它的理由"，比如这个玩具要送给生病的孩子，希望它能保持完整、干净，等等，总之就是赋予这个规矩一个合理的解释。

6周之后，当这些孩子又回到同一个房间，不同教养方法的差异就体现出来了。虽然没有大人在旁边，在自由活动时间，仅有33%的孩子去摸了这个机器人。可见这种鼓励式、劝导式或品格式的教育，让愿意遵守规定的孩子增加了将近2倍。这两种教养方法哪一种更有长远的效果，我想已经有明确答案了。

偏食、挑食的研究

还有一个与偏食、挑食相关的研究，证明凶巴巴地逼孩子吃饭，一开始的确会让孩子乖乖就范，但长远来说却是越来越无用。

曾有研究者找到两组孩子，让这些孩子在学校的食堂里喝一碗汤，并且请了一位凶巴巴的校长扮演恐吓者的角色。校长威风凛凛地站在台前，大声警告所有孩子："把你们的汤给我喝光！"一连警告5次之后，由研究者去测量孩子喝的毫升数。

被校长一吼，整体而言学生喝汤的毫升数的确增加了不少，但仔细分析之后，就会发现两组截然不同的数据的差异之源。其中一组孩子因为在家里吃饭气氛愉快，平常吃饭时从来没有被警告过，被校长一吼，吓得把汤都喝完了，因而增加了5倍以上的摄取量！

但是另一组孩子，平常在家就习惯了被父母逼着吃饭，餐桌气氛很差。因为常常被威胁恐吓，所以他们根本不害怕校长的恐吓——"在家里我已经习惯了，校长你要杀要剐悉听尊便，我就是不喝，你能奈我何？"统计下来，这些孩子只多喝了15毫升左右的汤，前后看不出摄取量的明显差异。

不仅如此，经过校长这么一吓之后，讨厌喝这种汤的孩子比原来增加了一倍。每次食堂再煮同一种汤，就会剩下一大锅没人愿意喝。

因此，体罚与恐吓式的教养方式，家长还是少用为好。但是如果选择不体罚、不恐吓，当孩子犯错的时候，父母该拿孩子怎么办呢？我们来看看具体的方法。

第28课
LATER 原则：Leave, Ask, Time-out, Embrace, Review

★★★★★

LATER 原则：Leave, Ask, Time-out, Embrace, Review

不体罚，我们使用的是 LATER 原则。不过在介绍 LATER 处罚原则之前，让我先说明使用顺序。

第一，初犯不追究，没有说明过的规矩，就不能处罚。第二，制定规矩必须符合年龄特征。第三，别忘了一次只规劝一件事（良好依附关系的口诀），每个月可进行处罚的事项，理论上只有1～2项。第四，处罚方式要与孩子达成共识，并且具有一致性，不可朝令夕改，更不能看父母当天心情随意改变。

LATER 5个字母分别代表了以下含义：

L：Leave（离开）

如果孩子正在捣蛋或者已经闯祸了，直接抱他离开现场。

A：Ask（确认）

当孩子生气地问："为什么把我带走？"

家长可以这样回答："你知道你刚才做了什么，说了什么吗？提示一下，是我们这个月约定好的规矩哦！"

"玩玩具要排队，不能抢。"

"真棒，宝贝，你果然还记得。是因为太想玩，所以没有看到旁边有人在排队，是吗？"理解孩子的动机，相信他不是故意的。

"是。"虽然意识到自己犯了错，但因为妈妈愿意付出同理心，所以孩子不至于感到羞辱。

"那接下来该怎么做呢？"

T：Time-out（处罚）

可以告诉孩子："先罚站3分钟，然后去跟那个孩子道歉。"也有家长使用罚坐、罚劳务、罚零用钱等。但不论是哪一种处罚，都要事先讲好，并且保持一致。

"好的，请开始。"

一般来说，不管是罚站还是罚坐，时间都不用太长，有人认为孩子几岁就罚站几分钟，我觉得很合理。在我家，罚站30秒即可，不用在这种事情上过度纠结。请注意，罚站的目的不是让孩子害怕，罚站只是要给孩子一个制约，让孩子知道违反本月约定好的规矩时，时间会立刻被冻结。

E：Embrace（拥抱）

"好的，时间到了。来，妈妈抱抱！"一个简单的拥抱，让孩子知道妈妈不再生他的气了，妈妈还是爱他的。

“妈妈问你，玩玩具的时候，记得排队不要抢，会不会对你来说太困难？妈妈对你的要求需不需要降低一点儿？”——反思规矩是否要求太高，如果孩子没有异议，那就继续维持；如果孩子表示执行很困难，可以把要求降低。

R：Review（反思）

反思其实是LATER原则中重要的收尾步骤。有时候爸妈可能会制定不合适的家规，超越了这个年龄段孩子的能力范围，导致天天都在惩罚孩子。如果是这样，就应该考虑降低标准，而不是死守规矩不妥协。

Leave（离开）+ Ask（确认）+ Time-out（处罚）+ Embrace（拥抱）+ Review（反思）= LATER处罚原则。父母可以发挥创意，把这五个步骤发挥得淋漓尽致，每个月1～2个主题，不断调整、修正，这样孩子的情绪就会越来越稳定，而且言语行为也会越来越成熟。

称赞孩子三部曲

孩子做对事情的时候，绝对要立刻加以称赞。但称赞不能只说“你真棒”，因为我们希望带给孩子的是成长型思维，而不是固定型思维。称赞你很棒、你很帅，就是典型的固定式思维，让孩子觉得“我现在这样已经够好了”，容易衍生自恋倾向。

还记得之前我们提到的“称赞自己是好爸爸（好妈妈）的三个步骤”吗？没错，称赞孩子也是这个步骤：孩子做了一件令人开心的事；孩子你的努力我看见了；妈妈觉得你是一个具有____特质的孩子。

“哇！你刚才很想玩滑梯，但是你让给比你小的妹妹了，我都看见了！”（事件）“你那么喜欢玩滑梯，却可以忍住喜欢，让别人先玩，很不容易的！”（努力）“妈妈觉得你是个很有耐心的孩子，妈妈很爱你！”（特质）

除了称赞之外，还有很多方法可以赞赏孩子，比如说量身定做一个奖品给他，设计一张上面写着“最有耐心奖”的奖状，或者用让孩子集点的方式来换取更大的奖品。我最喜欢用的方式是公开赞美，在别人面前轻描淡写地叙述孩子曾经做过的贴心事，但不刻意夸大其词，让孩子真正相信，在父母的眼中，我是有某种良好特质的！

体罚使用时机

很多父母一定会问：“黄医生，那么在使用 LATER 原则的处罚步骤时，在极端的严重错误行为中是否可以体罚呢？”正如我一开始所说，体罚并非绝对不行。如果体罚时父母可以不带情绪，不面目狰狞，所在地区的文化也接受适度的体罚，那偶尔为之也是可以的。

体罚时，讲好规矩，初犯不体罚，而且孩子所犯的错误必须是很危险的（比如说跑上马路、爬窗户等），才可以使用“爱的小手”略施小惩。体罚时不要用手打孩子屁股、脸和头，更不可在无预警的情况下进行体罚。妈妈的手是用来拥抱的，如果妈妈用手打孩子，将来你伸出手来，孩子会不知道你是要抱他，还是要打他，依附感会产生错乱。

有时候在公共场合看到某些妈妈，孩子只不过是因为好奇而乱跑，她们随手一抓，一巴掌就打在孩子屁股上，口里还咕哝一句“你不乖”，这就是世界上“最懒惰的教养方法”。在儿科诊室，只要看到妈妈一把手举起来，孩子就后退的现象，我就知道这位家长时常动手打孩子，而且已经造成孩子的心理阴影。

说回体罚，假设本月主题是禁止爬窗户，而且约定好的处罚是“爱的小手”打一下。当看到孩子爬窗户时，妈妈应该先抱起他，把他带离现场（Leave），问孩子“有没有说过爬窗户会得到什么处罚”（Ask），使用“爱的小手”之后（Time-out），给孩子一个拥抱（Embrace）。

像爬窗户这种危险的行为，最好的反思就是反省自己。为什么孩子都已经1岁了，还不赶紧买个安全窗户锁？为什么不买个安全抽屉锁，把剪刀等危险物品收起来？为什么不买个儿童安全门，让孩子进不了厨房？别老是责备孩子，多反省我们自己吧！

第29课
奖励诚实比惩罚说谎更有效

多伦多大学的儿童发展研究专家李光（Kang Lee）是一位华裔研究者，大家可以在TED脱口秀中看到他的演讲。李光博士在2014年做了一个很有趣的研究。

在桌上放一张卡片，写上一组数字号码，正面朝下放。研究者告诉孩子，这是一个猜数字比赛，猜对了可以获得一个大奖。讲解游戏规则之后，研究者假装要去上厕所，在离开前，他谆谆告诫孩子“不可以偷看卡片”，然后就离开了。结果，几乎是大人刚一离开房间，孩子立刻就翻开卡片偷看。

一会儿，研究者回来了，他说:“我们先来讲一个故事，再继续玩游戏吧！”他给四组孩子分别讲了四个不同的故事，第一组孩子听《龟兔赛跑》，第二组孩子听《狼来了》，第三组孩子听《木偶奇遇记》，第四组孩子听《华盛顿砍倒樱桃树》。

讲完这四个故事之后，研究者忽然语重心长地说：“孩子们，请诚实地告诉我，刚才我离开的时候，你们有没有偷看这张卡片上的号码？”

结果非常令人惊讶：那些听《龟兔赛跑》《狼来了》《木偶奇遇记》的三组孩子，说谎的概率都偏高，唯有听《华盛顿砍倒樱桃树》的孩子，说实话的人数竟比其他三组高了三倍之多！

奖励好行为比惩罚更有效

家长都不喜欢孩子说谎，所以我们不断创造各种故事，来恐吓孩子说谎可能造成的不良后果。但是教养不应该是红萝卜和棍子并行吗？怎么在“诚实”这个品格上，大家只想到棍子，却忘了红萝卜呢？

李光博士的研究就是想要辨明“惩罚说谎”和“奖励诚实”，哪一个方法比较能成功预防孩子说谎。实验中使用的四则童话故事，《龟兔赛跑》当作对照组，而《狼来了》和《木偶奇遇记》都是强调说谎会遭到惩罚：牧童说谎，结果羊被野狼吃光了；木偶匹诺曹说谎，结果鼻子变长了，大家都嘲笑他。

结果呢？听这两个故事的效果跟听《龟兔赛跑》一样，根本无法降低孩子说谎的概率，但是听《华盛顿砍倒樱桃树》的孩子说实话的概率提高了三倍，因为故事中的诚实行为得到了奖赏——爸爸的称赞。

如果父母惩罚孩子说谎，却不奖励诚实，会让孩子说更多的谎，原因很简单：

> 孩子选择说实话，奖赏的概率是0，被惩罚的概率通常是100%，因为父母口头上总是会骂几句。
>
> 孩子选择说谎，有两种可能：被识破受惩罚的概率是100%；

但如果成功骗过爸爸妈妈，受惩罚的概率是0。

所以孩子骗术越高明，受惩罚的概率就越低，这个险值得一冒。

如果父母不奖励诚实，那么根本不需要思考就能算出说谎的好处多于坏处。但如果爸爸妈妈奖励诚实，诚实得到奖赏的概率是100%，而说谎被识破的话有可能受惩罚，那么孩子肯定会选择诚实。

所以，如果你希望孩子不说谎，不仅要减少对说谎的惩罚，还要增加对诚实的奖赏，哪怕仅仅是口头上的感谢和鼓励。这样一来，既能培养孩子诚实的品质，又能增加亲子之间的信任感。

不要上纲上线地解读孩子的坏行为

你可能会说："不行啊，黄医生，孩子今天做'砍樱桃树'这件坏事，如果我不惩罚他，接下来他就会开始砍动物，然后就会开始砍人，最后变成杀人犯。所以，一定要见微知著，把不良行为扑灭于星火之时，以免日后燎原难救啊！"

来，这位妈妈，跟着我一起深呼吸、放轻松，不要给自己太大压力。你应该知道，华盛顿砍了樱桃树之后，他父亲虽然不追究，但还是会告诉他"这是不对的"，并没有放任不管。孩子早已经听见父母的叮嘱，只是能不能、肯不肯做到而已。当孩子愿意不再去砍树的时候，这表示亲子之间关系良好，彼此信任，他是发自内心地出于对父母的爱而遵守规定，这才是影响深远的品格教养。

如果亲子关系处于"你犯错、我处罚""你说谎、我识破"这种官兵抓强盗的模式，那么孩子会把那些邪恶的念头藏在脑海里，趁你不注意的时候偷偷做坏事，或者等长大脱离父母的掌控之后变本加厉地做，到那时候才是真正的覆水难收！

除了说谎之外，其他的教养方法也是类似的。总之，奖励好行为绝对比惩罚坏行为效果更好，影响更深远！

第30课
教养意见不一致，怎么办？

★★★★★

这一章到了尾声，有可能很多读者心里想着：黄医生，我很愿意按照你说的这些方法来育儿，可是我们家有其他的照顾者跟我意见完全不一致，我该怎么办？

教养意见不一致的其他照顾者往往是上一代的长辈或者保姆，然而这些代养者，对主要照顾者而言又扮演着非常重要的角色，毕竟现在的孩子需要多位照顾者，才能建立多人的依附关系。因此当教养意见不一致、骑虎难下时，父母该怎么办呢？

能沟通时先私下沟通

当你觉得其他照顾者在管教孩子时使用的方法不是很正确时，请一定要先忍住，不要立刻在孩子面前发难。请放心，孩子的大脑也没那么脆弱，不至于被吼一次或骂一次就产生一辈子的阴影，后果通常不会那么严重。我这里有几个原则可以和大家分享：

确定孩子没有肢体危险

面对有暴力倾向的家人要打孩子或醉酒的父亲要给孩子“举高高”等极端的状况时，要立刻保护孩子，强行把孩子抱走，甚至积极与相关的儿童保护机构联系，这不在我们的讨论范围内。

避免直接介入阻止

既然孩子没有危险，而且管教孩子的也是爱孩子的人，我们就不要当场让这位亲人难堪。你可以选择默不作声，或者干脆离开现场，以免控制不住脾气。如果其他照顾者情绪已经快要失控，你可以温柔地接手，在孩子面前帮双方说点儿好话，比如：爸爸爱你，所以对你特别严厉；儿子爱你，所以想要在你面前说实话……像劝架一样先让彼此冷静下来。

三明治说话术：正面沟通

私底下和另一位照顾者谈谈，利用三明治说话术进行沟通，让对方愿意听你说话。什么是三明治说话术？简单来说，就是先感谢对方爱孩子的心，然后再告诉他其实有更好的方法。

不要因为大人的错误而惩罚孩子

面对孩子时，千万不要因为大人犯的错误而迁怒于孩子。比如孩子不可以吃零食，却被长辈偷偷塞糖果，事后被你发现了，你反过来去骂孩子：“我不是早就告诉你，不可以吃糖果！你要说‘谢谢我不吃’。不是教过好几遍了吗？”

大家应该清楚，这是长辈的问题啊！长辈用错误的方法表达自己爱孩子的心，而你却去责骂孩子，这只会让孩子和你越来越疏远。

家和万事兴

最后，如果多方沟通都无效，双方意见分歧太大，就要考虑忍痛断舍离，孟母三迁，跟这位照顾者保持距离，不要常带孩子去拜访他。但若对方的教养方式尚可接受，为了孩子能多得到些亲情之爱，也只能睁一只眼，闭一只眼，因为“家和万事兴”。

确定孩子在你面前有安全型依附关系就好

所有照顾者都使用一致的教养方式当然最好，但根据我的经验，这种可能性几乎是零。既然如此，面对无法沟通的教养分歧，为了家庭和谐，不需要强迫其他照顾者和你保持完全一致。

孩子很聪明，他们的大脑有“双面人”模式，可以摸清不同大人的脾性。比如说，孩子知道妈妈有原则，说话温柔而坚定，就明白与妈妈相处时要怎么表现比较适当；爸爸情绪大起大落，他们就懂得察言观色，看他情绪好的时候才去找他玩；奶奶完全没有原则，所以，可以对奶奶予取予求。

每个成年人都要为自己跟孩子的互动模式负责。如果孩子尊重你，表示在他心目中，你值得被尊重。如果一个大人老是被孩子骑在头上，理论上他自己要为这个亲子互动模式负责。因此，你不需要因为大人的无能反过来惩罚孩子。

那些喜欢讨好孩子、宠孩子的其他照顾者，就随他们去吧！他们不是孩子的主要照顾者，也不是主要依附对象，影响不大。只要父母不因大人犯的错误来惩罚孩了，孩子和父母在一起时，还是能享受最安全的依附关系的。

很多人误以为“建立安全的依附关系等同于讨好孩子、顺从孩子、宠孩子”，但要知道放任式教养培养出来的孩子往往具有焦虑型依附关系。家长如果不划清相处的界限，孩子反而会因为抓不住原则，踩不到底线，不知该如何与家长相处。

只有拥有清晰原则的、温柔而坚定的家长才能成为孩子最尊敬、最有安全感的依附对象。

教养意见不一致的沟通方式

当你和孩子单独相处时，如果可以确定自己正给予孩子一个安全的依附关系，并坚守本书所描述的规则，那么，其他照顾者与孩子单独相处时所采用的相处模式，只要没有安全问题，你就不必过问。

唯一需要讨论的，是三个人都在场的情况：你也在，另一位照顾者也在，孩子也在，这时要听谁的？比如说妈妈坚持不给孩子吃零食，爸爸却不在意，那么当三个人一起出去玩的时候，是使用妈妈模式，还是爸爸模式？这件事情是唯一需要达成共识的，只要能制定规则，就可以了。如果最后夫妻商量的结果是使用爸爸模式，那么当孩子大口吃零食时，你就要让孩子知道，这是爸爸在才有的模式，如果只有妈妈和孩子，还是要回到妈妈模式。这就是家和万事兴的原则。

当然，你的孩子下次或许会忘记，或许想要试探你，问问可不可以吃糖果，来踩踩你的底线。但只要你温柔而坚定地把那条界线划清楚，孩子就不会再要求了。放心！他们也不会恨你，因为温柔而坚定的大人让孩子更有安全感。如果将来真的有需要的时候，他们会更愿意来找你帮忙，询问你的意见，找你诉苦，找你谈心。

但最重要的前提是不能让孩子惧怕你，一旦产生恐惧心理，良好的亲子关系就荡然无存了。

三明治说话术

不论是对长辈说话，还是和另一半沟通，指责一定会带来伤害，使用三明治说话术，才能心平气和地讨论事情。所谓三明治说话术，就是说话分三层，第一层先说好听的话，第二层塞入想要沟通的事情，第三层再包上好听的话，就像三明治一样。

我通常使用的第一层话，一定是先肯定对方的付出是出于爱，并且表示感谢："妈妈，谢谢您照顾孙子，看到你们祖孙感情好，我觉得孩子特别幸福，谢谢您的照顾，让我可以没有后顾之忧。"

就在母亲乐得飘飘然时，第二层来了："我知道您担心孩子太瘦小，所以吃饭的时候会追着孩子喂，想让他多吃一些。不过，孩子吃饭时压力大，反而会让他们更抗拒吃饭，从而变得更挑食。而且吃饭的时候，边吃边看平板电脑会影响食欲，还会导致消化不良。书上有一些让孩子减少吃饭压力的方法，您可以试试看！"

这时候谈话的气氛可能有点儿僵，赶紧上第三层面包："我上次看到妈妈正在听在线课程，我还赞叹，妈妈这么大年纪了，还这么愿意接受新的知识，我们真的要好好跟妈妈学习呢！"

当然我不敢说三明治说话术百分之百有效，因为行为习惯的改变对多数人来说是很困难的。但至少这样的沟通不会伤害家人的情感，不会因为互相指责而让亲情出现裂痕，是值得一试的好方法，仅供家长们参考！

第31课 父母说到要做到：信任感是亲子关系的基石

你听过“棉花糖实验”吗？这是美国人格与社会心理学家沃尔特·米歇尔（Walter Mischel）于1966～1970年在幼儿园进行的有关自制力的一系列经典心理学实验。

643名4岁儿童参加了这项简单的实验：孩子们陆续独自坐在房间里，房间里有一张小桌子，桌上放了一块棉花糖。研究者告诉孩子，他必须离开房间15分钟，如果回来时棉花糖还在桌上，他会再给这个孩子一块棉花糖作为奖励。如果孩子在这15分钟之内，禁不住诱惑吃了那一块棉花糖，实验就此结束，孩子只能吃到桌上那一块棉花糖。

忍耐15分钟，可以得到双倍的奖赏；如果禁不住诱惑，就只有眼前的享受。面对这紧张刺激的挑战，这些孩子能不能做到“延迟欲望”呢？

具有延迟欲望能力的孩子，未来考试成绩更好

答案揭晓，在这项实验当中，有三分之二的孩子最后把桌上那块棉花糖吃了，能够忍耐15分钟的孩子毕竟是少数。在这些中途放弃的孩子中，有些孩子等了5秒钟，有些孩子等了1分钟、2分钟，甚至有些孩子坚持得更久，足足等了13分钟，但按照游戏规则，只要没坚持15分钟，就都算失败了。

另外三分之一的孩子没有吃掉棉花糖，并不是因为他们不爱吃甜食。有些孩子选择蒙住眼睛，有些孩子把棉花糖往后推，有些孩子利用唱歌、踢桌子来转移注意力，甚至有的孩子差一点儿就把棉花糖吃了，舔了一口。不管使用哪一种方法，这些孩子都成功地忍耐了15分钟，没有吃掉棉花糖。米歇尔将这些孩子归类为：具有延迟欲望能力的孩子。

精彩的还在后头！14年后，研究人员找到当年参与棉花糖实验的孩子，他们当时已经是十八九岁的少年了。研究人员对他们展开了后续的调查研究。当年那些抵制住美食诱惑的孩子，后来不仅身材更苗条，而且更能适应社会，考试成绩也比当年实验中最没耐心等待的孩子高很多！

延迟欲望的理由：对人的信任感

这个研究对后来的心理学界造成了巨大的影响，也引发了热烈的讨论。一般学者对于4岁延迟欲望与18岁学习成绩的关联性表示肯定，但认为这并不代表只要训练出延迟欲望的能力，未来就能考高分。他们认为延迟欲望的能力背后，应该具有更深一层的心理机制，这些心理机制成就了那些孩子后来的好成绩。那么，这个心理机制到底是什么呢？

美国罗切斯特大学的赛莱斯特·基德（Celeste Kidd）教授在米歇尔的棉花糖实验中做了些改变。他在给孩子棉花糖之前，先故意破坏跟孩子之

间的约定，答应要送孩子一个礼物，最后却没有送。经过这个小小的食言之后，再展开经典的棉花糖实验，你猜结果如何？

没错！几乎所有的小孩都立刻追求“满足欲望”，拿起棉花糖就吃，谁都不愿再等15分钟，因为实验者有食言的“前科”。

这样看来，棉花糖事件背后或许有更深一层的心理机制。那些当年可以延迟欲望的孩子，或许只是对人的信任度较高，所以愿意等待；而那些冲动的孩子，可能长期被大人有意无意地糊弄，对人的信任感较低，所以不愿意等待。

在本书的第一章提及的埃里克森的人格发展理论告诉大家：在幼年时期，孩子的心灵最需要的是安全感，觉得地球很安全，大家都很守信用，没有人会伤害或欺骗自己。如果能将信任感扎根在这片心灵的土壤中，就几乎等于拥有良好的安全感与依附关系，进而造就未来的学习能力，这都是近代科学研究一步一步揭开的教养秘密。

父母讲的每一句话，都要说到做到，做不到要道歉

从米歇尔到基德，我们学到的不是整天训练孩子延迟欲望，而是跟孩子之间建立足够的信任感，成为“说到做到”的父母。一旦你说的话不能兑现，孩子自然而然就不会相信你对未来的任何承诺，他就会变成一个冲动的孩子，可能会失去深思熟虑的能力，进而影响学习。

我时常听到父母对孩子说“如果你不安静下来，等一会儿医生就会来打针”这种恐吓式的言语，还有“你再这样闹，我再也不带你来了，我就不要你了，我就把你丢在这儿，我就叫警察来抓你”……但是，父母只是嘴上说说，根本不会这样做，你不可能不要孩子，也不可能把孩子丢在路上。这些都是大人们在公然说谎，草率地把亲子关系建立在谎言之上。

当然还有些开空头支票的谎言。比如，父母说“你在这里安安静静地待着，回头我买个冰激凌给你”，最后却忘了买；或者“打针根本不痛，相信我，就像蚊子叮一下一样”，但结果是孩子打针痛得大哭，觉得比蚊子叮咬要痛10倍。

说出每一句承诺，父母都要仔细想一想：是真的吗？我做得到吗？家长冲动的言语背后，代表了对教养的挫败感与无力感。如果丑话已经说出口，立刻更正道歉，是最好的方法。答应孩子给他买冰激凌，结果走到店家门口发现今日休息，就立刻跟孩子道歉，说爸妈今天食言了，并询问有什么替代方案。和孩子一起讨论，而不是跟孩子一样幼稚地耍赖。

做勇于道歉的父母

做错了事，说错了话，立刻跟孩子好好道歉，是建立亲子关系与信任感的基石。有时候你的承诺跟孩子的期待不符，让孩子不愉快，也可以用道歉来化解孩子的心结。

比如你说“等一下”会讲故事，孩子以为“等一下”是10分钟，但你的意思是1小时之后，搞得大家都不愉快。这时，你可以为沟通不精确而道歉：“对不起，我没有说清楚是等多久，是我不对。”道歉之后再思考，下次再承诺时，要明确告诉孩子几点钟会兑现，尽量少用模糊的“等一下、再看看、或许吧”等字眼。

你希望孩子有好成绩吗？无论这是否是最好的教养目标，那就从自己做起，言出必行，勇于道歉，让孩子信任这个世界，从信任你开始。不知不觉你的孩子就能培养出延迟欲望的能力，学习的效率肯定也会得到提升。

第六章

二胎家庭的新挑战：轻松避免手足纷争

★ 人类最原始的愤怒源自被不公平地对待

★ 手足纷争的另一主因：强迫分享

★ 不吃亏是天性使然，公平正义却由教育而来

★ 帮孩子对话，扩充他们的情绪词汇

★ 在学校跟同学起冲突：小社会理论

第32课
人类最原始的愤怒源自被不公平地对待

兄友弟恭，和睦相处，是每一位家长期待的幸福画面，而手足争执打架、彼此用难听的话互骂，真的是父母的梦魇。别担心，其实让手足和睦相处并不难，只要家长把握好几个原则，并且认真贯彻执行就可以实现。

“不公平”的怒喊

大约90%的手足争执起因都是有人觉得“不公平”。所以要让手足和乐，父母绝对要贯彻始终的首要任务，就是让孩子觉得手足之间“很公平”！

从前有两只猴子，被关在相邻的两只笼子里，笼子里有很多颗小石头。猴子们发现，只要捡起一颗石头，伸手交给主人，就可以得到一片黄瓜吃，捡得越多，得到的黄瓜片越多。虽然猴子不是很喜欢吃黄瓜，但是看到隔壁笼子里的“同伴”也一样只能得到黄瓜片，不吃白不吃，于是两只猴子就乐此不疲地重复同样的动作。

就在这个时候，主人端了一盘猴子最爱吃的香蕉来！A猴子交给主人石头，竟然得到了一根香蕉；B猴子也赶紧拿了石头给主人，结果主人没有公平对待，没有给它香蕉，还是给了它黄瓜片。

这下B猴子内心的风暴炸开了。这是什么道理？它拿香蕉我拿黄瓜片？不公平！它抓着笼子大声尖叫抗议，也不拿石头了，主人送的黄瓜片被它丢回到主人的脸上：我不屑！我宁愿饿死也不要黄瓜片！我要公平！我要跟隔壁的猴子一样，拿香蕉！

争取公平，是猴子的本能，人类呢？基本上也是一样，尤其是孩子。5岁之前的孩子认为全世界都应该绕着他转，凡是看到的东西都应该是他的，这是一个心理发展的过程，叫作自我中心主义。这不是因为他们霸道，只是他们的大脑还不够成熟，不懂什么叫作分享，不理解礼让的美德。他们能够忍受的底线就像小猴子一样：至少在我的视线范围内，我的手足手上拿的东西要跟我一样，这世界才是美好的。

所以要打造手足之间的和睦关系，父母首要的责任就是塑造公平的“假象”，尤其是在他们5岁之前。你若劝导孩子：“你已经有旧的玩具了，买个新的给弟弟，有什么好抱怨的呢？”“你是哥哥，年纪大的本来就要让着弟弟啊！”如果父母说这些话，说明不了解孩子的大脑，或者说，不了解小猴子的大脑。

制造公平的表象，有五个技巧：你切我选，让孩子成为同一阵营，不要当包青天，不要在言语上互相比较，安排与孩子单独约会的时间。

公平技巧一：你切我选

父母要制造公平假象，最重要的方法就是不要让自己扮演分配者！

一个蛋糕放在桌上，两个孩子都想吃，父母拿起刀子要切一半，但不管你怎么小心翼翼、战战兢兢地切，最后一定还是会有人不满意：

“他拿的那一半草莓比较多！”

“他选的那一块奶油比较少！”

“妈妈不公平！”

听听这些对话，是不是让人很生气？要避免这样的事发生，那就不要自己切蛋糕。我在这里教大家一招，利用赛局理论来制造公平的表象，这招叫作——你切我选。

不管是分蛋糕、分水果、分玩具，父母都不要当分配者，让孩子自己来分！游戏规则很简单：一个人负责切，另一个人先选！

这样一来，事情会变得出乎意料地顺利，因为切的那个孩子会用尽一切方法来保证公平。他会拿尺子来量，拿放大镜来看，因为只要切歪了，他的弟弟一定会选择比较大的一块，那他自己就吃亏了！所以你切我选，这是最轻松的公平技巧之一，大家可以举一反三，灵活运用。

公平技巧二：让孩子成为同一阵营

土耳其的社会心理学家穆扎弗·谢里夫（Muzafer Sherif）曾经做过一项研究。他发现，要让小男生打架很简单，只要把他们分成两个小队，各取一个难听的队名，然后安排他们玩一个竞赛游戏，他们就一定会吵嘴或者打架。

所以让兄弟姐妹不合，最奏效的做法，就是让他们之间进行比赛。若你时常用竞赛来激励孩子，那么他们的感情肯定会越来越糟糕。而让他们和睦相处最好的方法，就是把他们归于同一阵营，一起对抗大人。

如果我们希望孩子们之间永远是合作关系，那么在任何事情上，都要尽力称赞他们彼此是最佳队友。做家务的时候，父母可以多制造需要手足合作的情境，例如一人负责喷水一人负责擦洗，劳动结束后可以对孩子说："你们两个人合作得非常默契，真好，是我们家最强的卫生清洁队。"

让手足组成小团队时，请务必记得多奖励、多称赞，让这个小团队产生凝聚力，绝对不可以用"连坐法"来惩罚孩子。

密歇根大学政治学教授罗伯特·阿克塞尔罗德（Robert Axelrod）曾经做过一个实验。他发现人与人之间有一个特点，那就是：如果你希望他们变成同一阵营，却使用连坐法，一个人犯了错两个人都受罚，那他们之间的合作关系很快就会瓦解，而且两个人会互相指责、反目成仇。但是，如果他们的合作是可以得到共同利益的，那么合作关系就会持续很久，而且彼此越来越信任。

我以收拾玩具来举例。如果你跟孩子说："我给你们两个人10分钟收拾玩具，如果到时间没有收好玩具，就一起罚站。"乍一听，这是让孩子变成队友一起合作，但是你很快就会发现这一招没有用，其中一个会开始偷懒，另一个则开始指责，两个人都不服气，关系也会变得糟糕。

可是如果爸爸妈妈说："我们的收玩具清洁队要开始执行任务了！这次的任务是10分钟收好玩具。成功的话，今天晚上我们可以一起玩一次电动玩具哦！"这样，成功的概率会变得比较高，而且效果会持续很久。

大多数时候，孩子是愿意合作的，只是找不到合作的方法，因此大人必须先参与进来，指导合作的步骤，这样他们才能更快上手。比如，一个孩子在努力收玩具，但另一个却时常发呆，这种合作方式就会让第一个孩子有点儿心理不平衡：“怎么都是我在收拾，他却一直不动手？”这时候，父母就应该扮演教练的角色，提出两个人合作的方法，让大家一起得到奖品。比如可以这样说：“来，玩具清洁队一号，举手！很好，一号队员，请负责收红色的玩具。玩具清洁队二号，举手！二号队员请负责收绿色的玩具。剩下的我来收。我们三个人一起合作，开始吧！”

当孩子们品尝到合作之后甜美的果实时，渐渐地，他们自己就会找出更多合作的模式了！

公平技巧三：不要当包青天

家中两个孩子争执或打架，父母常常会叫两个人过来，劈头第一句话就问：“是谁先动手的？”言下之意，先动手的一定要道歉，然而这种做法会衍生出许多麻烦。

第一个麻烦就是，问谁先动手却会出现两个答案。哥哥说：“他！”弟弟说：“才不是，是他！”双方互相指责。第二个麻烦就是，先动手的人举手承认，但却不愿意道歉。第三个麻烦，是哥哥被妈妈逼着道歉了，而一转身，他立刻又踢了弟弟一脚，然后弟弟像足球队员一样，在地上打滚儿加惨叫，妈妈一点儿办法也没有。

我遇到许多家长，经历了一次又一次的劝诫失败之后，干脆自暴自弃，任凭孩子打架，不劝架也不处理，让他们自己解决。他们会说：“我给孩子们机会，让他们学习自己解决冲突。”这些父母用语言美化了自己的处理办法，但其实他们是无计可施。

任凭孩子自己用暴力手段解决冲突，结局就是走向手足失和，家庭成员之间互不团结。事实上，在孩子们讲话变得尖酸刻薄时，父母就应该立刻介入调节，引导他们用文明的方式解决冲突，否则那些会挑衅、说侮辱人的话或出手打人的孩子，就有可能发展成霸凌者，有造成他人身体或心理伤害的潜在可能。

父母介入孩子的争执时，最重要的不是判断谁对谁错，而是扮演调停者的角色，倾听两个当事人描述事实，并且复述一遍，帮助孩子们理解对方的行为动机。

哥哥说："他抢我的蝙蝠侠玩具，所以我才推他。"

弟弟说："是哥哥先把我的蜘蛛人弄坏了，我才抢他东西的。"

我说："好的，我来把你们刚才说的表达得更完整一点，有哪里不正确，我讲完之后你们可以纠正。哥哥向弟弟借蜘蛛人，不小心把它弄坏了，不是故意的。弟弟觉得哥哥弄坏玩具，应该要赔一个蝙蝠侠给他，所以就把蝙蝠侠拿走了，也不是故意的。哥哥认为弄坏蜘蛛人和赔一个蝙蝠侠是两回事，不能混为一谈，所以想要抢回蝙蝠侠。抢夺的过程中，哥哥一时冲动，推了弟弟一把，弟弟立刻反击，然后我就叫停了。我说的符合事实吗？"两个人听了都点点头。

"那我知道了，今天不处罚任何人，我只是想把事情发生的过程弄清楚。在这件事中，哥哥误会了弟弟，弟弟也误会了哥哥，我也不会要求谁向谁道歉，我们只需要解决第一个问题：蜘蛛人被弄坏了，哥哥想要怎么补偿弟弟？我们可以一起讨论，其他就没事了。两个人互相抱一下。"

家长要尽量从孩子有限的言语中还原事实，事实被重述的过程，对孩子来说就是一种疗愈。而且，家长要对孩子们的冲动行为表示理解，不给他们贴标签，对事不对人，尽可能找到冲突的源头。如果家长每次都肯花时间这样做，孩子就能慢慢摸索出不使用暴力解决冲突的方法，将来他们有新的纷争时，才能真正心平气和地处理。这才叫作真正的“给孩子们机会，学习自己解决冲突”，而不是放任孩子之间的冲突不管。

不当包青天，改当情绪教练

记得几年前，我家两个孩子都还小，时常一起洗澡玩水，但是洗完之后，两个人总是抢着先出浴室擦干，因互不相让而吵架。有一天，又到了出浴缸的时刻——“谁要先出来？”我问。

“我！我！我！”哥哥与妹妹抢着要先出来。

“停……”我出声制止，“爸爸不会替你们做决定，请你们自己想办法说服对方，决定好谁先出来之后，再告诉我。”我没有离开浴室，而是坐在马桶上假装看书，听这对兄妹怎么处理问题。

哥哥率先提出补偿方案：“妹妹，我先出来，然后让你在水里多玩一会儿玩具，好吗？”

“不要，我不想玩。”显然面对哥哥提出的方案，妹妹不领情。

接下来哥哥又提出各种优惠条件，然而“商场如战场”，他太老实，开出来的条件没有诱惑力，很难达成共识，妹妹始终不肯答应。

哥哥说：“那我不给你东西了，我们猜拳，赢的人先出去。”谈判破裂，改成直接正面对决。

石头，剪刀，布！哥哥出石头，妹妹出剪刀。哥哥大叫：“我赢了！”妹妹也大叫：“我赢了！”嘿，谁规定石头赢剪刀的呀？妹妹忽然不承认游戏规则了，事先又没说清楚！

哥哥看起来已经快要崩溃了，这时候我赶紧扮演大法官：“大法官解释，从现在开始，石头赢剪刀，剪刀赢布，布赢石头，是标准的游戏规则。请问，你们两个人都同意吗？”双方点头，并且约定一次定输赢。

最后，这场战役哥哥胜出，妹妹也甘愿认输，完成了一场浴室里的“公民课”，皆大欢喜。我虽然花了一些时间才让事情圆满解决，但这时间成本我觉得花得非常值得。而且，兄妹之间愿意用沟通的方式解决纷争，而不是用拳头解决问题，这对于三四岁的孩子而言已经很了不起了。

公平技巧四：不要在言语上互相比较

父母可能都知道“孩子之间不应该互相比较”，但要真正落实到行动上，其实不太容易。更困难的是，还要堵住身边其他长辈或亲戚的嘴，不让他们对兄弟姐妹评头论足。

让我们面对现实：每位父母、长辈或亲戚的内心，都会有比较喜欢的那一个孩子，可能是个性、长相比较像自己（表示很自恋），或者比较像另一半（表示很爱另一半），这是人性，无可非议。

但是请记住，人言可畏，你对孩子说的每一句话，都在慢慢地塑造他的个性，甚至局限他的未来。

拉丹和拉莱的故事

2003年，29岁的伊朗连头姐妹（连体婴）拉丹和拉莱决定做分离手术，摆脱形影不离的命运。尽管两个人自出生后就形影不离，但她们期望手术的理由，竟然是“个性不同”！

拉丹和拉莱的基因理论上是相同的。从出生开始，她们面对的人、事、物，甚至受的教育都一模一样，为什么最后仍然会塑造出个性不同的两个人？以脑科学的理论而言，答案显而易见，过去这29年来，周围的人对这对姐妹所说的每一句评语，都是塑造出她们两人截然不同的个性的外在因素。

拉丹能言善辩，拉莱个性内敛，为什么？很可能因为拉丹婴儿时期先会说话，而身边的人就利用这项特点来评价她们。“怎么分辨拉丹？”“就是比较会说话的那个。”“怎么分辨拉莱？”“就是个性比较内向的那个。”拉丹得到了外向的评价，于是越说越有自信；拉莱得到内向害羞的评价，则越来越不想说话，越发内敛，到最后干脆所有发言都让拉丹负责。这种差异难道是基因导致的结果？不是的，是周围人的评语限制了拉莱的语言表达能力。

严禁相互比较

兄弟姐妹之间应该严禁家长进行相互比较。“你看妹妹比你小都可以上台表演，你比她大两岁怕什么？”“26个英文字母你哥哥3岁就背下来了，你一年级了还背不熟？”“姐姐当年各科都是满分，你好好向她看齐，不要丢我们黄家的脸。”这类话语，每说漏嘴一句，都有可能对孩子造成伤害。

长辈如果有这样的习惯，请父母私下好好劝阻，如果劝阻无效，每次长辈“发难”时，大家立刻转移话题，不要搭腔。如果兄弟姐妹由同一位老师教导，请事先和老师沟通，请求他不要拿哥哥姐姐的荣誉来评价弟弟妹妹，给他们施加不必要的压力。

兄弟姐妹中如果有人喜欢炫耀，也要积极地制止。比如当姐姐说“妹妹你真笨，写字这么丑”，你必须立刻看着姐姐的眼睛，严肃地告诉她：“今天你能把字写得漂亮，第一是你遇到了一位好老师，第二是你去年很认真地练习，跟聪明或愚笨没有关系。”然后转头告诉妹妹：“你的小肌肉还没有发育完全，字写得歪歪扭扭是正常的，练习一年之后，我保证你的字就变整齐了。到时候我会把你现在写的字再拿出来，你会非常高兴地看到自己的进步。”家长们必须自主自觉地随时随地练习成长型思维说话术。

家中如果有双胞胎，一定要分班上课，不要让孩子在同一个班级。除此之外，要刻意禁止孩子看到彼此的成绩，保持神秘感，让父母不用伤脑筋去安慰其中一个。另外，在课外活动方面，让两个孩子选择不同的乐器、运动或爱好，淡化课程设置相似度太高的学校教育，避免互相比较的困扰。这些做法除了在双胞胎家庭适用外，在一般手足家庭有时候也适用。

公平技巧五：安排与孩子单独约会的时间

除了不要在兄弟姐妹之间互相比较之外，还有一个办法可以让孩子觉得自己公平地得到了父母的爱，那就是“单独约会”。我认识一位妈妈，生了四个孩子，为了不把孩子放在一起被人相互比较，她每天都会带不同的孩子单独出门约会，比如说老大是每周日，老二是相隔一天，依此类推。约会时做些什么呢？其实也就是一般日常活动，买菜也好，逛街也好，主要是希望刻意留出与孩子单独相处的时间。

在这宝贵而短暂的约会时光中，妈妈会和每一个单独约会的孩子聊天，传达几个简单的信息：第一，妈妈非常爱你；第二，你的努力我看得见；第三，我很骄傲你有某种特质；第四，我想培养与你的共同兴趣。

我把父母与孩子的短暂约会比喻为“巨星走红毯”，那些偶像明星虽然不认识你，但他走红毯时，会刻意转过头来，用极具魅力的眼睛放电、微笑，还会跟大家挥手，制造短暂约会的感觉。在那一瞬间，你心头的甜蜜感油然而生，感觉他是爱你的，即便下一秒钟，他马上转头对着另一位歌迷微笑挥手也没关系。要让你的孩子也感觉到这种“一对一”的情感交流，要好好学习偶像明星笼络粉丝的方法！

这五个让孩子感觉公平的方法——你切我选，让孩子成为同一阵营，不要当包青天，不要在言语上互相比较以及安排与孩子单独约会时间，只要反复运用，家中必然兄友弟恭、姐妹和乐，而且能长久地保持和谐的家庭氛围。

第33课
手足纷争的另一主因：强迫分享

★★★★★

表6-1是美国发展心理学家罗伯特·凯根（Robert Kegan）的人际关系发展理论。在这张表格中，我们发现：孩子在很小的时候，尤其是6岁之前，人际关系发展基本上还是处于以自我为中心的时期，没有所谓的“他我概念”。

表6-1　罗伯特·凯根人际关系发展理论

阶段	年龄	人际关系发展阶段
1	2～6岁	自我膨胀期：我最大。
2	6岁～青春期	彼此利用期：喜欢交厉害的朋友。
3	后青春期	流行盲从期：寻找归属团体。
4	成年早期	独立思考期：不一定要和别人一样。
5	成年晚期（>40岁）	成熟期：懂得尊重他人的感受，尊重个体差异，愿意无私付出。

“他我概念”从什么时候开始产生呢？大约是6岁之后。在6岁之后，孩子的眼界终于慢慢打开，意识到世界并不是绕着他自己旋转的。这时候所谓的同理心才慢慢开始发展，而且需要非常漫长的过程，才会完全成熟。

所以，从儿童心理发展的进程来看，强迫孩子在6岁之前就要懂得分享的美德，而且要主动发现他人的需要，公平地分配资源，照顾其他年纪较小的弟弟妹妹……这不符合儿童心理发展规律，实属强人所难。

强迫分享，是造成手足纷争的另一主因

强迫孩子分享，是造成手足间争吵的主要原因之一。分享虽然是一种美德，但以人的本性而言，是先满足“占有”的欲望之后，才会有主动“分享”的能力。而且在多数人的心里，是占有居多，分享较少。

你可以试想一下，如果要求你把自己的财产分给你的手足，你愿意分享多少呢？

既然成年人都做不到将自己的所有或大半分给他人，那么对于学龄前儿童而言，他们仍处于以自我为中心的阶段，没有分享这一概念，让他们去和他人分享，就是令他们紧张焦虑的根源。况且这个年龄段的孩子还处于“单向思考”阶段，即在孩子的大脑中，他们只能注意事物的某一个方面。所以在他们的小脑袋中，借出去是一个概念，归还又是另一个概念，什么“有借有还，再借不难”，对某些孩子来说，还理解不了。

如果这时候父母一把抢过玩具，跟他说：“要跟弟弟妹妹分享！”这个举动在成人世界里叫什么呢？没错，叫作抢夺。

于是，孩子们会整天你抢来我抢去。看到弟弟在玩的东西，哥哥也立刻要玩，因为弟弟应该分享。但哥哥自己在玩的东西，却不会让给弟弟玩，

因为玩具一旦分享出去，可能就再也回不到自己手中了。

或许，父母会接到幼儿园老师的电话，说孩子在学校抢了同学的东西，还理所当然地指责同学“因为他不分享”；甚至演变成孩子到了玩具店，拿了东西就要离开，因为在他的脑海中，这世界上的物品并不归属任何人，我看到的东西就是我的，以为这就叫“分享”。

先有满足，才有分享

既然人的欲望是“先有满足，才有分享”，所以对我家的两个孩子，我是这样做的：

* 两个孩子不论年龄大小，都拥有自己的宝贝箱（加上随身的宝贝袋）。
* 孩子自己的东西，只要不想跟手足、朋友分享的，都帮他贴上醒目的姓名贴纸，然后放在宝贝箱里，盖上盖子收好。
* 宝贝箱与宝贝袋里的东西，任何时候我都会帮你捍卫。不管跟谁一起玩，只要想结束游戏，随时都可以拿回来，我甚至可以出手帮助你夺回来。
* 宝贝箱与宝贝袋以外的东西，就是爸爸妈妈的，如果爸妈愿意分享，两个孩子就可以轮流玩或者排队玩。
* 如果因为公用的玩具造成纠纷，这些玩具就会被爸爸妈妈收起来，大家都不能玩，因为那本来就是公用的，但孩子们可以玩自己的玩具。

宝贝箱、宝贝袋加上姓名贴纸，都是用来满足孩子占有欲的，也是在训练他的“物体恒常性”观念——虽然看不见心爱的玩具，但是我知道它乖乖地躺在宝贝箱里，明天再去打开看，玩具一定还在里面。

有一次，我跟3岁的哥哥说：“你的宝贝箱要藏好，因为妹妹是小婴儿，如果她发现了你的宝贝，一定会好奇地拿起来啃咬，这样就糟糕了。”我还跟他说：“万一被妹妹发现了，你来告诉我，因为妹妹是小婴儿，还不懂游戏规则，我会帮你拿回你的宝贝。”

“如果暂时找不到爸爸妈妈，你可以找一个粉红色的小玩具，因为妹妹可能会喜欢粉红色的东西，拿这个去把你的玩具换回来。”我进一步交代。

“总而言之，如果妹妹拿了你的玩具，不要急着抢回来，因为抢得太急可能会让妹妹受伤。可以用交换玩具的方法，或者直接告诉爸爸妈妈，我们帮你处理，知道了吗？”哥哥点点头。

分享是为了讨父母开心

当孩子的物品占有欲被满足之后，我们就可以进一步教导孩子家里的“公共财物”应该如何分享，以及在公园玩的时候，对于那些完全不属于自己的设施要如何分享了。

分享的规则不外乎轮流、排队以及事先确认物品的所有权。比如到别人家做客，应该事先就让孩子知道：“今天是去安哥哥家，那是他们家，所以玩具都是他的，他想分享就分享，想收回就收回。”“如果你怕没玩具玩，可以把宝贝袋带在身边，这样的话，你想和别人一起玩就一起玩，想自己玩就自己玩。”……

在6岁之前，如果有孩子愿意主动分享，第一种原因可能是他分享了自己不想玩的东西，第二种可能是他在讨好父母。孩子知道，只要他愿意分享，爸爸妈妈脸上就会露出肯定的微笑，所以为了得到父母的称赞，他会勉为其难地分享一下自己的玩具！

总之，分享不能靠强迫，而是要在孩子的占有欲被满足后，通过模仿、身教和品格教育，帮助孩子逐渐形成分享的概念。3岁时，孩子就进入了可以讲道理的年龄段，通过大人的教导或者为了讨好大人，这个年龄段的孩子也会愿意分享。但只有6岁以上的孩子，才有可能真正自动自发地进行分享。做好一切的关键都在于父母的态度，以及父母是否具备等待孩子慢慢长大的耐心。

第34课

不吃亏是天性使然，公平正义却由教育而来

★★★★★

我们都听过“孔融让梨”的故事。孔融小时候聪明好学、才思敏捷、巧言妙答，大家都夸他是神童。在孔融4岁的时候，有一天，父亲的朋友带了一盘梨子来。父亲叫孔家七兄弟过来，从最小的小弟开始自己挑梨。小弟先挑走了一个最大的，但孔融却拣了一个最小的。他说：“我年纪小，应该吃小梨，剩下的大梨就给哥哥们吧。”父亲听后十分惊喜，又问：“那弟弟也比你小啊？”孔融说：“因为我是哥哥，弟弟比我小，所以我也应该让着他。”孔融让梨的故事很快传遍了曲阜，并且一直流传下来，成了许多父母教育子女的好榜样。

黄医生的诊断

* 孔融可能不喜欢吃梨。
* 孔融很会表达，他的确很聪明。

* 孔融这些“冠冕堂皇”的说辞，是为了讨好父亲。
* 这个故事绝对不能成为教育子女的范例，因为4岁的孩子并没有主动分享的能力。

不吃亏是天性使然

不知道大家有没有发现，每当不公平事件发生时，通常都是“拿得少”的一方在抱怨，“拿得多”的一方却很少主动抗议。也就是说，占便宜的一方通常是默不作声的，这种贪小便宜的心态其实是人的天性。但是到了一定年龄之后，孩子的确可以开始像孔融一样，愿意自己吃亏，维护大家的公平，但这个年龄并不是4岁，而是9岁左右。

美国的研究者曾经发表一项横跨7个国家的研究，探索孩子身上公平正义、不贪小便宜等品德是从几岁开始形成的。他们设计了一个简单的桥段，让不同年龄的孩子（4～15岁）拿到不等量的奖品。当孩子A手上拿着一个苹果，眼睁睁地看着老师送给孩子B一篮苹果时，A就会生气地大叫“不公平”。没错，任何人都不愿意吃亏，这是天性。7个国家的孩子对不公平的判断都是相同的。

这种不吃亏的天性，会随着年龄的增长而减弱吗？答案竟然是相反的。研究显示，4岁到15岁之间，因为吃亏而不开心的程度会随着年龄的增长而增加！

所以如果父母跟年纪较大的哥哥姐姐说：“你跟弟弟妹妹计较什么？都长那么大了，让一下弟弟妹妹。”这句话恐怕会让孩子更生气，因为年龄越大的孩子会更在意“公平”二字。换句话说，孔融4岁能让梨，不代表他6岁时还愿意这样委屈自己，除非他真的不喜欢吃梨。

学习公平正义从教育开始

因为拿得比别人少而不开心，是人性，但是拿得比别人多的那个孩子，会保持沉默吗？这个问题就有趣多了。在上述的那项研究中，大部分4～15岁的孩子，在得了便宜之后，会选择沉默。

通过研究发现，不吃亏是天性使然，公平正义却是由教育而来。良好的家庭教育、学校教育、信仰与文化氛围，可以让我们的孩子拥有更恢宏大度的气质，进而构建双向公平正义的社会环境。

第35课
帮孩子对话，扩充他们的情绪词汇

★★★★★

当手足之间在吵架时使用恶毒的字眼，父母听了总是会很生气。像“我最讨厌你、我恨你、你走开、你滚”之类的话，听起来很伤人，兄弟姐妹都是一家人，说话何必这样尖刻呢？

其实家长不用反应过于强烈，因为这也是孩子语言发展的过渡期。

情绪语言词汇不足，只好用恶毒的话语攻击

年龄较小的孩子大脑里储存的情绪词汇不多，当“生气”二字不足以表达自己的愤怒时，他们要么就会动手动脚、咬人打人，要么就会诉诸恶毒的语言来表达不满。

虽然情绪发展具有先天个体差异，并受到后天环境因素的影响，但一般来说，正常的情绪发展可以归纳如下：（表6-2）

表6-2　儿童情绪发展表

年龄	特征
1个月	用哭来表达身体的不舒服。
2个月	开始表现喜悦，会被玩具逗笑，出现社会性微笑。
3个月	出现兴奋、无聊等情绪反应。
4个月	因为特定的声音或者情境而开心。 表现出生气的情绪。 开始注意陌生人，会轮流看照顾者以及陌生人。
5个月	表现出喜好，排斥不喜欢的东西（例如：头转开）。
6个月	开始出现害怕陌生人的反应。
7个月	出现害怕、生气、反抗、害羞等情绪反应，较为稳定。
10个月	正向和负向的情绪更加明显，强度增加。
1岁	情绪开始受到他人影响（如：别人哭，自己也跟着哭）。 开始出现嫉妒的情绪反应。
1.5岁	陌生人焦虑以及分离焦虑更加明显。
2岁	会尝试控制自己的负面情绪，了解照顾者的价值观（如：妈妈喜欢的，我也喜欢；妈妈讨厌的，我也讨厌）。
3岁	表现出更为复杂的情绪（如：骄傲、罪恶感、尴尬等）。
6岁	能理解两种情绪可以同时存在（如：当我表现好时，会觉得开心和骄傲）。
10岁	能理解两种相反的情绪同时存在（如：虽然语文不及格令我很难过，但是数学得100分令我很开心）。

因此，当一个3岁的孩子说“我最讨厌你”时，可能他心中拥有许多复杂的情绪，却无法正确地表达。“我讨厌你”代表的意思很多，比如：我现在心里讨厌你，但不代表永远讨厌你；我不只是生气，我现在是非常、非常生气；我不喜欢你现在对我说的这句话；我感觉自己很难过，很受伤……还有许多可能性，等着父母去解读。

父母可以帮助孩子解读内心的情绪，用成熟的方法解释给大家听，切勿为了孩子一句不得体的话，就不分青红皂白地惩罚他，这样不仅无法帮助孩子，还会伤害他。

帮助孩子扩充情绪词汇

预防胜于治疗。如果希望孩子渐渐远离恶毒字眼，父母平常就可以借助亲子共读的图画书，或者通过描述身边发生的事件，扩充孩子的情绪词汇。

例如看到别的孩子在争执时，父母可以引导孩子通过观察，说出吵架的原因：“嗯……我觉得小威很难过，因为有人弄坏了他的玩具，他不喜欢玩具受伤……”“我觉得莎莎很难过，因为她想念妈妈，但是妈妈今天没有办法来接她回家。”父母还可以适时发挥：“那你昨天难过是为什么呢？要不要解释给我听呀？”

在词汇量不够多的时候，也可以用分数来表示情绪的程度，可以问孩子：“如果上次跌倒受伤是10分难过，玩具不见是5分难过，请问现在是几分难过呢？”父母也可以通过画情绪脸谱，让孩子学习情绪程度分级。（图6-1）

图6-1 情绪脸谱

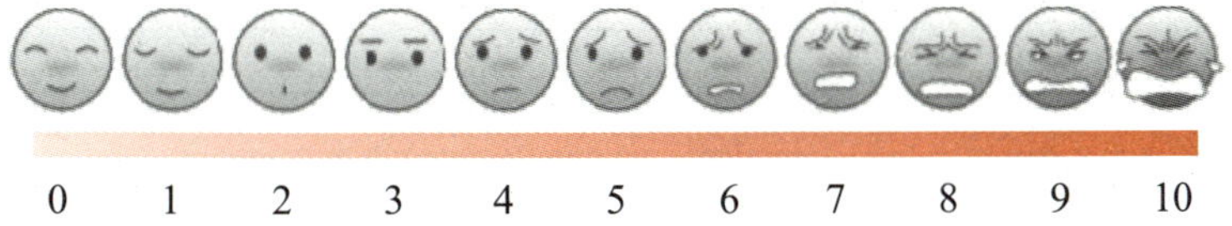

除此之外，情绪管理类的图画书也可以给孩子生活经验以外的帮助，

让孩子可以在“开心”“难过”“生气”之外，学会用“幸福”“嫉妒”“孤单”“害羞”等更深层的情绪表达词汇。

语言表达能力越强的孩子，越容易保持冷静。如果孩子能清楚地表达自己的情绪，说出“我很生气，因为妹妹弄坏了我好不容易画完的作品”之类的话，那么，他通常不会对妹妹吼叫或动手。

不要给情绪贴标签

在亲子共读这些情绪管理类图画书时，父母千万要记住，不可以给情绪贴标签。有些家长用错方法，读完后，谆谆告诫孩子：“所以你看看，生气不好喔！不要常常生气。”这样做就是给情绪贴上标签，把情绪分成好与坏。

如果家长读完图画书后的结论是“嫉妒不好，想念很好；害羞不好，幸福很好”，这样你的情绪教育就完全跑偏了！

情绪没有对错好坏，我们教孩子情绪词汇，就是希望他能诚实地面对自己的内心，并且让亲子之间没有距离，没有误解。情绪一旦被贴上标签，如生气不好，那么下次生气时，孩子就会有罪恶感；嫉妒不好，那么，孩子在嫉妒时就不敢告诉爸爸妈妈。这些情绪一旦藏在心底，就会埋下更多情绪障碍的种子。

如果孩子在童年时期勇于在父母面前表达自己的情绪，我们才有机会让他们学习怎样正确地面对情绪：生气时可以跺脚，可以摇冷静瓶，可以练跆拳道；难过时可以唱歌，可以找爸爸妈妈聊天。要让他们明白爸爸妈妈有很多处理情绪的经验让自己参考，这样，孩子就不会对自己的情绪产生质疑，也能慢慢学会管理和控制情绪。

第36课
在学校跟同学起冲突：小社会理论

★★★★★

因为本书着重于探讨亲子关系，所以孩子在学校和其他同学发生冲突的情况，我不会另辟一章来探讨。不过因为孩子在学校的人际关系问题跟手足纷争类似却又有一定区别，所以在这一课，我会让大家了解孩子在集体生活中遇到纷争该怎么办。

小宇的案例

两岁多的小宇又在幼儿园闯祸了，他打了同学的头，老师和被打同学的家长都很生气，小宇的妈妈只能不停地道歉。回家之后，妈妈严正告诫小宇，不可以动手打同学。

没想到过了几天，换成小宇的脸上出现了瘀青，这次是另一位同学打了他。妈妈问小宇事情发生的前因后果，小宇哭哭啼啼的，也说不清楚，大概是跟同学抢玩具起了纠纷。最后，妈妈只记得小宇说了一句“妈妈说不可以对人动手”。

妈妈跟小宇说“不可以动手”，结果被同学欺负时，他无法用语言和对方争辩，也不知道如何向老师告状，只好带着脸上的瘀青回家。如果爸爸跟小宇说“用力打回去”，那么明天恐怕要换成爸爸请假，去学校向别的家长道歉了，又或者小宇仍然不敢打回去。

假设小宇个性比较温和，同学打了他，他却没有勇气反击，那么他回家之后，可能更不敢将此事告诉爸爸妈妈。因为小宇觉得，自己没有按照爸爸的话做，可能会被爸爸骂，只好把被欺负的事情埋在心底，形成更糟糕的恶性循环。

小宇的两难处境

孩子在学校和同学起冲突，跟在家里的手足纷争最大的不同，在于对方不是自己家的孩子。不是自己家的孩子，家长就很难像我们之前学习的那样替双方订立一致的规矩或赏罚的尺度。更麻烦的是，同学起冲突的时候，父母永远不在现场。如果孩子表达能力不足，描述过程虚虚实实，父母就很难得知事情的真相。

以小宇的故事为例，孩子互相抢玩具，究竟是谁先开始玩，谁后到却要抢先？轮流的规矩是什么？是否有误会产生？动手之前两个孩子说了什么话？有没有人先用推挤的小动作？在整个过程中，如果老师没有从头到尾观察到，恐怕也没有资格判定谁是谁非。所以，绝对不能以“动手就是不对”这六个字草率地下结论。

小社会理论

被同学欺负时到底要不要反击？这个问题的答案，就在于学校的老师处理问题是否公平。

学校就是个小社会，如果老师能够事先订立游戏规则，赏罚分明，而且当孩子们起了冲突，老师都能用公平的方式化解纠纷，那么这个集体就是个文明的小社会。在文明的社会中，被欺负的孩子处理问题最好的办法就是去报告老师，不需要自己处理。

但如果事与愿违，这个学校的老师无法公平解决孩子的纠纷，孩子每次报告老师，都是以“各打五十大板”收场，或者老师只会说“你不要理他”这样的话，那么我会教导孩子被欺负时要反击。不能彰显公平正义的学校，最喜欢用行为判定是非，最喜欢说“动手的人就要道歉”，虽然我会要求孩子被欺负后不要还手，但是会鼓励他学会大声表达出来。

孩子可以这样做：先往前踏一步，眼睛看着欺负人的孩子，语气坚定地说：“我不喜欢别人打我的头，你不可以再打我。”如果对方继续动手，可以跟旁边的老师大叫：“他打我！”如果老师装作没听到，就走到老师面前，大声说：“老师，我不喜欢别人打我的头，刚才他打我！”这样的剧情要在家演练几遍，让孩子学会放声大叫，不要像猫咪一样害羞地说“不要打我”。

被欺负时的五字诀：冷、眼、转、告、逃

孩子在学校被其他孩子欺负时，可以学习这五字诀：冷、眼、转、告、逃。

* 冷酷的脸：霸凌者最喜欢看被欺负的人露出惊恐的神色，或者气呼呼的样子。如果孩子能不为所动，冷眼以对，霸凌者会觉得无趣。

* 眼神坚定：眼睛看着欺负你的人，坚定沉稳地告诉他：“我不喜欢别人欺负我。”
* 幽默转移：有时候，孩子因为同一件事反复被嘲笑，可以在家里想一些幽默转移的对策，比如：“你怎么每天都讲同一件事，需要我帮你想新的笑点吗？”
* 告诉大人：要让孩子有诉说的对象，比如父母、家人或老师。
* 逃之夭夭：遇到有危险的、可能被欺负的情况，比如一群人围在校门口要找麻烦，这时候必须见祸藏躲，走为上策，不要逞匹夫之勇。

不过，如果孩子在学校需要不断地用自己的方式解决各种冲突，每天都要上演“冷、眼、转、告、逃”，学校的公平正义力量却从来不主动介入，那么家长应该赶快让孩子离开这所学校。孟母三迁，在我看来是中国历史上所有教养故事中最科学的一则，替孩子选择善良的同学、认真的老师，是为人父母的责任。

营造一个安全的校园氛围

若欺负事件反复发生，让孩子已经开始不敢上学，心生恐惧，就说明事情已经较为严重，升级为霸凌事件了。

霸凌会导致受害方产生一种长时间、持续的心理恐惧。受害方因为受到身体和言语恶意的攻击，且与霸凌者之间的地位或体形等因素不对等，而不敢有效地反抗。若家长怀疑自己的孩子正遭受霸凌，千万不要自己跑去找对方家长或孩子理论，请先询问学校，向校方求助。学校受理后，会进行相应的处理。

除此之外，老师平时应该鼓励孩子勇于站出来。当有孩子被排挤时，若是有较多的同学声援他，霸凌者就没有了称霸的土壤。

你自己的孩子就是小霸王

万一你自己的孩子就是在学校欺负人的小霸王，那又该怎么办呢？很多人认为要治小霸王，就得以暴制暴，但这完全是火上浇油。要知道那些从来没有被同理心对待的小霸王，是不可能学会以同理心对待他人的。他们由于种种原因引发负面行为，如果被欺凌者以暴制暴，只会让小霸王心中产生更多的恨与自卑，然后变本加厉地欺负弱小。

小霸王最需要的是重新建立与家人的亲密关系，再次修补安全依附感，这在很多家庭中是长期缺失的一环。如果父母和孩子“断线”已久，我在这里提供几个方法，可以帮助孩子重新建立安全的依附感：

- ⭑ 正向鼓励：说一句纠正的话，就要补上七句正面的话，即一比七原则。
- ⭑ 抓大放小：忽视孩子无伤大雅的调皮捣蛋，温柔而坚定地规劝少数严重犯规行为。
- ⭑ 快快地听，慢慢地说：让孩子慢慢说出心里的感受或困惑，父母耐心倾听，少说教。
- ⭑ 当孩子明显排斥分享时，告诉孩子：“爸爸妈妈也正在学习改变中，爸爸妈妈很愿意倾听你心里的想法。”
- ⭑ 采取其他的沟通替代方案：包括手写取代口述，或者让孩子从“高兴、难过、生气、害怕、喜爱”等选项中选出一个最符合自己心情的答案。

* 发现自己情绪失控，让孩子感到害怕时，记得事后道歉、道歉、再道歉。

五种层次的道歉

父母要为自己的失控行为向孩子道歉，孩子做错事时也必须道歉。刚才提到的小霸王，在学校打了同学，道歉时常常随口说一句“对不起”，然后就没什么可说的了，这种道歉不是真正的道歉。

真正的道歉应该做到五个层次：

* 表达悔意：说对不起，并且说出自己错误的行为。
* 承担责任：我做错了，我会承担责任。
* 愿意补偿：请告诉我，我该如何补偿你。
* 愿意改变：我愿意改变，下次不会再伤害你。
* 请求原谅：你愿意原谅我吗？

包括这五个层面的道歉，才算是完整而负责任的道歉。完整的道歉同样也适用于家长对孩子道歉、夫妻之间的道歉，以及所有人际关系的修复。“为人父母”是世界上最扎实的人格训练，如果我们愿意努力成为好的父母，相信在任何人际关系中都一定能成为沟通高手。

第七章

孩子只黏妈妈？帮助爸爸参与育儿的好方法

★ 妈妈别插手：让婴儿与爸爸一起建立一套独特的互动关系

★ 爸爸好忙：如何帮助爸爸参与育儿

★ 电子时代下儿童的屏幕使用建议

★ 从家庭开始学习，做个好的领导者

第37课
妈妈别插手：
让婴儿与爸爸一起建立一套独特的互动关系

★★★★★

在本书的第三章，我特别提醒妈妈们，孩子平均需要二至五位依附的对象。通常，妈妈会是孩子第一个依附关系建立者，而第二个依附关系建立的责任，当然就落在爸爸身上了。

爸爸千万不要妄自菲薄。研究显示，爸爸在儿童的心智发展过程中，扮演着极为重要的角色。爸爸的缺席对于儿童的智力发展、人际关系建设，包括未来的婚姻关系，都有某种程度的危害。所以，就让我们一起来探讨一下，现代男人如何扮演好父亲的角色，而母亲又该如何从旁协助。

3个月大的婴儿开始和父亲的脑电波产生联结

密歇根大学的詹姆斯·斯温（James Swain）医生曾经研究过父母的大脑对婴儿的哭声反应有何不同。当4周大的婴儿啼哭时，妈妈大脑的某个区域会非常敏锐地做出反应，我们称之为“母爱区”；然而同一时期，爸爸的大脑除了听觉区之外，没有其他特别的反应。

史威恩医生认为，在婴儿出生1个月的时候，父亲的大脑其实还没意识到自己已经成为父亲了，他只是在经历一件令人兴奋的事。而怀胎9个月的妈妈，她的大脑已经发生了神秘的变化，新增了一块前所未有的母爱区，和婴儿紧密地联结在一起。

这就是为什么我在讨论睡眠问题时指出，正在哺乳的母亲可以母婴同床，但父婴同睡一张床却不在讨论范围内。母亲与婴儿有某种心电感应，只要妈妈没有喝酒、抽烟、吃安眠药，且睡在不是太柔软的床铺上，只要婴儿一发出声音，妈妈就会警觉地醒来。但爸爸的大脑对婴儿的哭声没有反应，有时候睡得太沉了，可能还会翻身压到婴儿。

那么，从什么时候开始爸爸的大脑开始识别婴儿的哭声呢？答案是大约在婴儿3个月大的时候。当婴儿长到3个月大，爸爸的大脑有个区域也开始被激活，产生不同的反应，而且这个区域跟妈妈的不一样，我们可以称之为“父爱区”。从此以后，爸爸的大脑才开始真正认知到，原来自己已经是父亲了！所以在婴儿3个月之前，妈妈请忍耐一下，不要怪罪另一半的有些行径还不像个爸爸，只要努力营造父子或父女相处的氛围，3个月后，爸爸就会上轨道了。

爸爸跟婴儿的互动关系跟妈妈的不一样，并且会很独特。就如通往大脑的父爱区与母爱区是两个截然不同的路径，只要在婴儿安全的前提下，父母应该尊重彼此和婴儿建立的互动模式。这样在育儿的路上，就能慢慢体现出爸爸的重要性。从婴儿时期开始，爸爸的亲子互动模式与妈妈的亲子互动模式就截然不同，任何一方都无法被取代或复制。

跟爸爸玩的婴儿，未来智力较佳

英国牛津大学曾经有一项研究，观察爸爸跟3个月大的婴儿的互动频率，再去追踪这些孩子2岁之后的智力发展状况。结果显示，这些经常跟爸爸玩的婴儿，长大以后的学习动机强，智力发展水平高，除此之外，爸爸自己也变得更有自信，更有成就感。

我在看诊时，经常能分辨出哪些爸爸时常陪伴孩子左右，因为这些爸爸有一种自信的气质，自然地流露出一种被孩子所爱的骄傲神态。这或许也是鼓励爸爸多陪孩子的动力之一。

父亲缺席的影响

父亲长期缺席会对孩子造成很大的负面影响。如父亲长期缺席，孩子长大以后出现情绪问题、冲动行为的概率就会相应增高，还会导致肥胖问题、高中辍学率增加、成年后酒精成瘾概率增加等。

我必须强调，请家长们不要对号入座，上述的因果关系只是概率问题，并非绝对会发生。很多父母本身来自单亲家庭，会质疑“我现在过得也很好，没有你说的那些状况”。的确如此，因为我们这里说的只是“概率”，许多人虽然原生家庭父亲缺席，一样可以顺利成长。只是现在我们自己当了父母，总是希望孩子身心发展更健康，因此谈及这些问题是为了帮助我们建设更好的未来，而不是用来顾影自怜。

我可以给家长们展示一个爸爸对女儿成长重要性的真实数据：爸爸如果在女儿6岁之前就抛弃家庭，那么，将来这个女孩在青少年时期怀孕的概率会比同龄人高出7倍！但是，如果爸爸离家的时间是在女儿6～18岁之间的话，她青少年时期怀孕的概率就只比同龄人高出2倍。这说明爸爸在女儿学龄之前的陪伴对她未来的心智发展会产生显著的影响。

本书所列举的各项研究都一再显示，我们觉得“孩子什么都不懂”的学龄前阶段，却是孩子大脑发展的黄金期。在大脑最脆弱的时间段，如果给予孩子悉心的呵护，那么他们长大之后几乎什么问题都敢于面对，所以爸爸们的责任重大。

在外地工作的爸爸，可以用电子产品与孩子保持联系

碍于工作关系，现代家庭常常有夫妻分隔两地的状况，这时候爸爸难免感到焦虑：“都说爸爸缺席对孩子影响很大，可是我身不由己，不在孩子身边，怎么办呢？”身处21世纪，电子产品可以帮助我们方便地和孩子保持某种程度的联结。母亲不妨每天规划出亲子视频时间，随时让孩子与爸爸见面，说说话。

有时候孩子不知道视频的时候要和爸爸说什么，妈妈要负责“主持”视频，帮助父子（女）开启对话。其实这并不会太困难，妈妈只要跟爸爸轻松地聊聊天，说说孩子今天发生的事，孩子自己就会凑过来听，甚至抢着说话，这样就能顺利地把父子（女）连接起来了！

但是爸爸还是要努力定期回家，给孩子面对面的拥抱。我认识很多“空中飞人”爸爸，有每周末从美国飞加拿大的，也有每个月从美洲飞亚洲的，常常在不同城市之间飞来飞去。机票很贵，生活费有限，但是孩子的成长只有一次，所以在幼儿身上多投注一点儿陪伴时间，肯定是值得的。

当爸爸从外地回家时，可能不知道怎么跟孩子互动，这时候主要照顾者可以刻意给他们创造机会，让父子（女）有单独相处的时间。在下一课，我再来分享一些爸爸可以跟孩子一起做的事情。

单亲家庭的困境

我明白有些家庭已经处于覆水难收的状态，请别担心，这里有三个简单的原则，可供单亲妈妈们参考（单亲爸爸也一样）：

* 在孩子面前为另一方塑造良好形象，做到不口出恶言。
* 如果夫妻只是离异，依然可以让孩子与另一方建立良好关系。
* 如果另一方已经失去联系，要积极安排可替代的同性角色，时常陪孩子玩耍。譬如，理想的男性人选可以是外公，其次是舅舅，或者其他可信任的长辈。

曾经有一项研究发现，在单亲家庭中，父亲缺席的理由如果是“因公殉职”，对孩子的人格智力发展似乎影响特别小。因为在这样的单亲家庭里，每一位成员对已逝父亲的评价都是非常积极正面的，使得孩子心中的父亲一直是个英雄的形象。

这项研究可以说明，在其他单亲家庭中，不论父亲缺席的原因是什么，如果家人之间（尤其是妈妈）能够不口出恶言，通过正面言语塑造出一个良好的父亲形象，父亲缺席对孩子的心智发展产生的不良影响或许会降低。

分居的父母一样可以利用电子产品，加上周末的时间，让父子（女）相聚，让他们有自己的亲密时光。只要父母不在孩子面前吵架，并且母亲不在孩子面前说父亲的坏话，就可以把父亲缺席的不良影响降到最低。

第38课
爸爸好忙：如何帮助爸爸参与育儿

上一课提到爸爸跟婴儿的情感联结大约是从婴儿3个月大开始建立，但在那关键的3个月，很多爸爸已经被妈妈排挤成家里的局外人了。在这个被妈妈边缘化的过程当中，爸爸开始觉得他失去了原有的家庭地位，失去了一家之主的自信，觉得在家里帮不上忙，感到自己在家庭中影响力大不如前。

这时男人就会选择离开，在工作、休闲娱乐上寻找自信，在家庭之外建立成就感。久而久之，父亲就跟家庭脱节了。而当夫妻真的走到这一步，再想挽回就很困难了。那么身为新手父母，怎样做才能让父亲乐此不疲地参与育儿呢？

从孕期学习如何哺乳开始

很多爸爸可能从来没想过哺乳需要“学习”，而且这听起来也像是妈妈自己的事情，跟男人一点儿关系也没有。但实际上哺乳这件事，跟拉梅兹分娩呼吸法一样，是需要夫妻一起学习的。新生儿出生的第一件事就是吸奶，如果父亲能从旁协助，就是在育儿之路上踏出了成功的第一步！

美国的一些医学中心会在产前为爸爸开设母乳喂养的课程，内容大概包括三个方面：第一，母乳喂养对妈妈、对孩子以及对全家的益处；第二，为什么爸爸在母乳喂养的过程中扮演着重要的角色；第三，支持母乳喂养的家庭策略。学习了这些课程之后，追踪后续的成效显示，只要爸爸认真上课，之后不论是母乳喂养率、纯母乳喂养的比例，还是持续哺乳的时间，都得到了显著的提高和延长。更重要的是，在孩子刚出生的前3个月中，爸爸至少可以在这件事上和妈妈合作，从一开始就参与了育儿。

让孩子与爸爸单独相处

如果妈妈希望爸爸能够在第3个月之后成为育儿的“超级队友”，就一定要创造各种机会，让爸爸来独自照顾婴儿。比如给婴儿洗澡、换尿布、带孩子出去散步等，都能让爸爸自己学习并享受亲子情感的互动。

我知道妈妈有时会出于母性的驱使，不敢让别人来照顾婴儿，在把孩子交给自己的丈夫时，总是不放心。这样做只会让爸爸的角色变得越来越可有可无，妈妈自己也会更疲惫。妈妈们应该记住，越早把爸爸推上育儿前线，妈妈就越有机会得到喘息。

我建议从婴儿出生开始，妈妈就要有固定的时间出门透透气，把孩子交给爸爸照顾，或者反过来让爸爸把孩子带出门，让妈妈在家休息。婴儿是很敏感的，他如果感受到这个屋子里有妈妈在，第一顺位的依附者肯定是妈妈，他就会嫌弃第二顺位的爸爸，然后用哭闹的方式表达自己的不满。因此很多时候，妈妈只能自己照顾婴儿，然后丢下一句气话：“你怎么连看孩子10分钟都看不好！”

爸爸蒙受了不白之冤，但其实他没做错什么事，只是孩子选择了妈妈，不选择他而已。久而久之，父亲在育儿方面就会显得越来越被动，他觉得“反正孩子不需要我”，从此不愿参与育儿。

因此，让父亲与婴儿单独相处很重要；而且在孩子的成长过程中，更要持续地制造机会，让孩子跟父亲单独出门。

妈妈不要事事嫌弃

放手让爸爸照顾婴儿，但妈妈又事事嫌弃，就会适得其反。比如爸爸在家陪婴儿，妈妈回家的时候发现孩子尿布穿反了，尿湿了裤子，这时候千万别抱怨爸爸，因为这样你的超级队友会很受伤。

新手爸妈都在学习如何育儿，从错误中学习是很合理的。男人最爱面子，如果你一再打击他的自尊心，爸爸就会放弃——“那我就不做了，都让你来做”，最后受累的还是妈妈自己。

在这里，我给妈妈们一些重要的提示：

第一，平时打好基础

平常在换尿布、冲奶的时候，请丈夫和你一起学习，甚至可以请丈夫“帮忙研究一下，教教你该怎么做”，这个办法非常管用。

第二，指令简单明确

孩子交给丈夫的这两小时，你可以设定工作清单，比如，让孩子吃一次奶，洗一个澡，多跟孩子说话，不能玩手机。

这些指令的重点，是让爸爸知道有哪些明确的任务需要完成，就像打游戏通关一样，完成一项任务就打钩，这是男性的思维模式。如果妈妈的指令不明确，爸爸就会把孩子晾在一边，自己开始玩手机，甚至打开电视给孩子看。

男人通常缺乏耐心，可以给他安排一些简单的家务，如洗衣、晾衣、叠衣，这样一来，他就可以边做家务边跟孩子说话，避免把手机拿出来玩。

第三，三明治说话术

在父子或父女相处的过程中，不论发生什么事，包括冲错奶粉浓度、洗澡不小心手滑等等，妈妈都请先不要指责，免得伤了爸爸的自尊心。还记得我们在第五章提到的“三明治说话术”吗？在这里也能派上用场！

先肯定对方的付出：“谢谢你今天陪孩子，让我能够出门散心两小时，真的很放松。”表达赞美后再说出你的建议：“我一开始冲奶也会偶尔冲错浓度，后来我背了一个口诀之后，就不会再弄错了。”最后再补上一句撒娇：“老公真的是新好男人，我很幸福。”

第四，多感谢、勿比较

男人是很单纯的动物，基本上就是三个字——“爱面子”。要让丈夫变成好帮手很简单，只要常常跟他说“谢谢”，并且不要拿别人来做比较。夫妻生活中有太多的事情需要另一半的帮助，说声谢谢除了能增进夫妻感情，还可以让另一半心里踏实，自觉自愿地付出更多，这是一举两得的好事。

爸爸也可以做到轻松陪伴

有些爸爸跟孩子相处时常常不知道该做什么，其实一个不错的方法是干脆边做家务边跟孩子聊天。很多人以为陪伴孩子就是要全神贯注，眼睛盯着他，不停地跟他说话，其实不需要这样。陪伴孩子的重点在于留下一只眼睛、一只耳朵，适时地响应孩子的需求。

所以，边照顾孩子边做些轻松的家务是个很好的平衡。一般家务并不会太需要全神贯注，可以留下一只眼睛、一只耳朵，当孩子有需求的时候，可以立刻放下手边的事，去响应他或解决他的问题。千万不要在一旁玩手机，因为玩手机时你所有的注意力都集中在那个小屏幕上，当听到孩子在呼唤你，甚至发现孩子有危险的时候，你可能已经来不及做出反应。

当然，如果爸爸们能够知道孩子什么年龄可以跟他们玩些什么游戏，带孩子的时候也就不会感觉那么无聊了。下面提供一些建议，供爸爸们参考：

- 3岁之前：在床上滚来滚去玩摔跤，遮住脸玩躲猫猫，唱歌，讲故事，出门晒太阳。
- 学龄前：带出门跑跑跳跳，读故事书，过家家，搭积木，画画。
- 学龄时期：玩桌游，下棋。
- 任何时期：每天至少跟孩子一起吃一顿饭，吃饭过程中不说教。

当然这只是一些常见的陪伴建议，每个家庭的情况各不相同，一定有更多可以陪伴孩子的独特方式或游戏等待爸爸去开创。有些爸爸喜欢汽车，会捧着汽车杂志和孩子聊汽车标志，这就是他独特的育儿风格。漫画《灌篮高手》中的泽北荣治，他的爸爸非常喜欢篮球，在儿子8个月大时，他就买了个篮球让儿子玩，这也是一种独特的亲子游戏。

需要特别强调的是，在孩子3岁之前，一些动态的跑、跳、翻、滚是爸爸的强项，爸爸可以多发挥优势。很多家长会担心："哎哟，这样把孩子转来转去、晃来晃去的，会不会造成婴儿摇晃症候群，不会摇成脑震荡吧？”请放心，只要把握两个原则——宝宝不离手、宝宝很开心，基本上就无碍。

几乎所有的婴儿摇晃症候群都是因为孩子持续哭泣，父母在盛怒之下使劲摇晃孩子而酿成的恶果。一般在全家人情绪稳定时，只要不抛高离手，或玩翻滚离手，都不可能发生婴儿摇晃症候群（除非婴儿本身有凝血疾病）。转圈摇晃对婴儿甚至有帮助，可以增加他的平衡感，发展感觉统合能力，一定程度上促进大脑发育。

3岁之后，最简单的可以促进孩子大脑发育的居家游戏大致有四类：陪孩子读故事书、过家家、搭积木和画画。爸爸读故事书的逻辑和风格，甚至连选书的品位，都可以带给孩子的大脑截然不同的刺激和启发！过家家亦然，爸爸跟孩子一起演戏的情境，可能充满了搞笑情节，不按常理出牌，也或许是更刺激，更互不相让，这对孩子来说都是很好的“社交预备课”，有助于孩子将来适应团体生活。

孩子到了上学的年纪，爸爸可以陪伴他一起玩桌游、打扑克牌、下棋，当然爸爸也是一起出门运动的好伙伴。现代社会的孩子不可能避开电子游戏，爸爸是最好的战友，但是也必须做一个好的把关者，这一部分在下一节会详述。计算机不只是用来玩游戏的，也是现代社会的孩子必备的在线学习工具，爸爸可以和孩子一起找数据，一起在线写作业，这些都应该是爸爸的强项。

如果都办不到，至少从共进晚餐开始吧！

如果上述的事情爸爸都做不到，或者心有余而力不足，至少有一件事是可以做到的——和家人共进晚餐！

加拿大麦吉尔大学的研究发现：父母陪伴孩子吃晚餐的频率越高，孩

子在学校发生霸凌事件的概率就越低，甚至各种心理疾病包括抑郁症、焦虑症、暴力倾向等的发生率也会随之减少！（图7-1）

图7-1 全家一起吃饭和孩子心理疾病发生率的关联

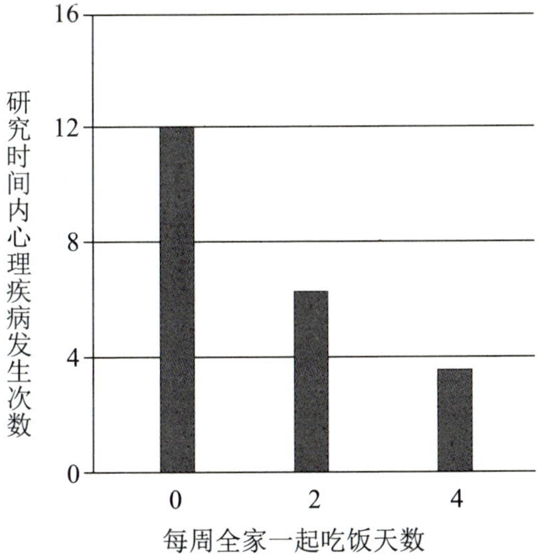

（数据来源：JAMA Pediatr. 2014; 168(11): 1015–1022. doi:10.1001/jamapediatrics.2014.1223）

当然，陪孩子吃晚餐绝对不是为了多一个“训话时间”，而是让爸爸有机会倾听孩子的心声，了解孩子在学校发生的事，进而辨析是否有一些潜在的危机。很多父母说：“我很想跟孩子一起吃饭，但他一回家就关在房间里打游戏不肯出来。”这种情况不见得是孩子的问题，父母反而要自我反省，是否因为家长在饭桌上太啰唆，时常讲长篇大论，让孩子没有说话的机会。餐桌气氛其乐融融的秘诀是父母打开耳朵倾听，用力点头，不要训话。

关心事件过程，而非结果

让晚餐气氛良好的诀窍很简单，那就是：关心孩子生活上的事，而不是只关心结果。比如你问孩子“作业写了吗？”这种封闭式问题，就会得到“还没”的封闭式答案。“考试考得怎么样？”“不知道。”这类问题只关心结果，却很难让孩子说出事件的整个过程，父母也就无法了解孩子的内心世界。

可以换个角度来提问，比如：“今天在学校有什么好玩儿的事？老师有没有说什么让你印象深刻的事？今天跟同学玩了些什么？周末有没有什么计划？你觉得爸爸今天有什么不一样？如果你今天放假，你最想做的事情是什么？”这些问题没办法用“好或不好”来简单回答，而是让孩子必须说出一段故事，表达自己的意见和想法，这时候父母就可以通过耐心倾听，真正认识“此时此刻”孩子的内心。

在新加坡，有一个“好爸爸中心”，近年来一直在推行一项全国性的运动，叫“爸爸回家吃饭日（Eat with Your Family Day）”。他们动员全国数以百计的企业、学校等机构，在这天提早下班，鼓励爸爸回家与家人一起吃饭。每天回家陪孩子吃饭，听孩子说话，可以促进家长和孩子之间的沟通，让孩子更健康地成长。

第39课
电子时代下儿童的屏幕使用建议

★★★★★

在电子时代，没有人能跳出屏幕的束缚，当然也包括我们的孩子。既然在21世纪的今天，让孩子完全不看计算机屏幕已不可能，也不实际，那么为了保护孩子的大脑与视力发育，就必须设定一些电子产品使用规范，这也是儿科医生的职责所在。我在这里向家长们介绍美国儿科学会公布的儿童电子产品使用时间建议，供大家参考。

学龄儿童不再强调“屏幕时间”

对于学龄儿童来说，电子屏幕已经是生活中无法避免的工具之一，强行限制孩子使用电子产品的时间，恐怕流于理想而不易施行。因此，屏幕时间使用的多少，应该是由家长根据孩子的作息时间，除去孩子睡眠、上学、户外运动等时间，订立适当的家庭计划后再执行。

制订家庭计划时，专家们特别提醒下列重点：家中要规划出“不插电”

时间与空间，全家人关掉屏幕一起吃饭或玩游戏；发挥创意将电子产品融入生活互动，比如家庭组队一起玩在线游戏；电子产品绝对不可侵犯睡眠时间、运动时间、游戏时间、单纯阅读时间以及家人互动时间。

美国儿科学会网站设计了一个非常棒的工具，供家长做家庭时间规划。在网站上，家长可以根据孩子的年龄，自由设计每天的作息时间，经过计算之后，大概就可以估算出孩子每天的“自由屏幕时间”。（图7-2）

图7-2　美国儿科学会家庭时间规划项（以8岁儿童为例）

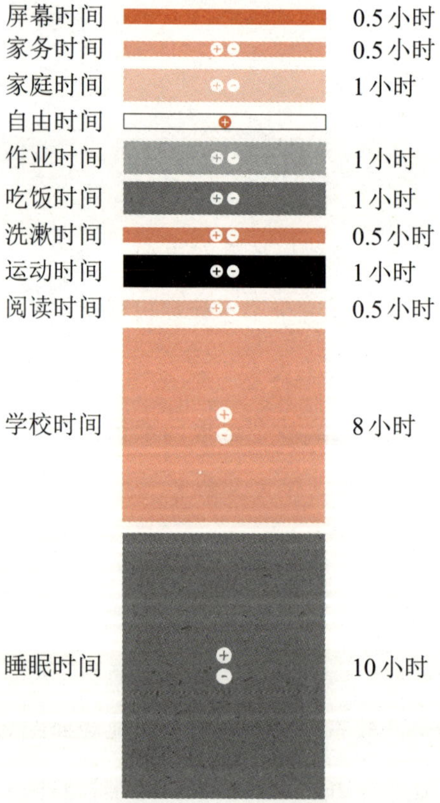

（数据来源：www.healthychildren.org）

例如，一个8岁的孩子，每天睡眠10小时，上学8小时，回家阅读时间30分钟，运动1小时，洗澡刷牙如厕30分钟，用餐1小时，写功课1小时，家庭时间（包含睡前仪式）1小时，做家务30分钟，所以平常上学日，每天仅剩下30分钟的时间可以自由地上网或看电视。当然如果写作业的时候需要上网查数据，这段时间是包括在做作业的那1小时中的。

有很多父母每天都在跟孩子纠缠不休，告诉孩子手机不能玩太久，但当孩子反问“为什么”，父母却说不出个所以然，有时候放太松，有时候又抓太紧。每天每个人都只有24小时，扣掉生活必需的重要时间之后，还剩下多少屏幕时间呢？仔细计算一下，让孩子心服口服，并且养成自动自发的习惯，这才是好的父母领导力。

儿童玩暴力游戏，确实会增长暴戾情绪

屏幕时间的问题解决了，家长还需要了解孩子玩的游戏、看的影片是什么内容，不能放任孩子接触暴力的电子游戏或影片，以免增长孩子暴戾的情绪，造成性格扭曲。

小时候，我们的班级里有一位话很多、很聒噪的男同学，只要老师一不在教室，他就会叽里呱啦地大声喧哗。有一天他正在口沫横飞之际，班上另一位身材比较魁梧的男同学突然从座位上站起身，冲到他面前，抓住他的肩膀，把他整个人按倒在地上。这位施暴的男同学大声地解释了使用暴力的理由：“吵死了，我正在睡觉。”

当年玩电子游戏的男孩对那位施暴同学使用的招数一定不陌生，基本上就是复制了游戏《街头霸王》里的攻击绝招。那个年代，很多孩子沉迷于这些拳打脚踢的电子游戏，下课后经常不回家，直接去电子游戏厅，一玩就是四五个小时。玩游戏的小伙伴之间也时常一言不合就动手打架。

20年后的今天，这种“拳脚功夫”的游戏几乎已经算不上什么暴力游戏了，网络上有刀有枪的电子游戏比比皆是。同时，全球范围内各种暴力事件层出不穷，在美国有拿枪扫射的青少年，在日本有无差别杀人的少年。面对青少年暴力犯罪，总会有人提出质疑：暴力电子游戏，究竟会不会诱发暴力行为呢？

暴力电子游戏对儿童大脑的危害

肯定有很多男人对这样的论述嗤之以鼻，他们认为自己当年就经常玩暴力电子游戏，却从来没有把现实生活和虚拟世界弄混，甚至觉得在虚拟世界“减压”，有助于现实生活中情绪的稳定。的确，大部分人的大脑都是理智的，不会在现实世界中拿刀砍砍杀杀，但不可否认的是，这个世界上一定会有少数情绪控制能力欠缺的人，更何况我们今天讨论的对象，是大脑尚未发育成熟的儿童与青少年。

儿童玩暴力电子游戏确实会增长暴戾情绪，这是经过研究证实的事实。《美国医学会杂志》曾发表过一篇新加坡学者的研究文章，研究者调查小学三、四年级和初一、初二年级这四个年龄段的孩子平常玩的电子游戏，以及每天玩游戏的时间，共有3034个孩子参与了这项研究。经过3年追踪，最后证实，孩子玩的游戏暴力等级越高，他们暴戾的气质就越容易被诱发出来。

家长可能会说，一定是父母没有管控孩子玩电子游戏的时间，玩的时间太久，才造成了不良影响吧？事实并非如此。暴戾气质的养成只跟电子游戏的暴力程度成正比，与玩游戏的时长无关。也就是说，只要有玩暴力电子游戏的习惯，就算一天只玩几分钟，都会让孩子变得越来越暴戾。

研究结果也告诉我们，因为孩子的大脑尚未发育成熟，暴力电子游戏对三、四年级小学生产生不良的影响会比初一、初二的中学生更严重与持久，而且男女生都会受到影响，没有性别差异。

你可能还会说，会不会是那些孩子本来性格就比较暴戾，才会喜欢玩暴力电子游戏，所以是倒果为因呢？答案也是否定的。研究显示，刚开始进入研究时就比较暴戾的孩子，暴戾分数只增加了10%；而一开始比较温和的孩子，经过3年的追踪调查，平均暴戾分数可增加16%。可见暴戾电子游戏的不良影响，在任何性格的孩子身上都会产生。

根据这项研究成果，我认为儿童连碰都不能碰暴力电子游戏，没有所谓“玩一下下、适可而止”这样的模糊地带。

最后的提醒

网络世界充斥着不适合孩子的内容，身为家长，除了替孩子做好时间规划以及内容把关之外，也应该善用各种智慧进行限制，让孩子更为合理地使用电子产品。比如从无线网的源头限制连接时间、手机本身的设定、浏览器的安全搜索设定等，这些都是可以帮助家长轻松把关的工具。大家如果不太知道这些工具如何使用，可以上网搜索手机或计算机品牌的官方网站，或者在家长论坛里问一问，应该可以找到答案。

有效利用这些筛选器，除了避免孩子看到不该看的内容之外，还可以省下大量跟孩子纠缠的时间。比如说设定好浏览时间，倒计时结束之时，手机自然而然就锁定，孩子也只能把手机还给爸爸，而不需要爸爸一直回头问：“几分钟啦？自己计时啊！注意时间啊！”这些啰唆的表达还是少用为好。

当然最重要的是，父母自己要以身作则，不要成为低头族，以免孩子有样学样。全家人睡觉前一小时最好不要使用电子产品，避免蓝光干扰大脑的褪黑激素分泌，影响睡眠质量。如果电视没人看就请关机，电视的声音也会干扰儿童睡眠。

想想看，如果一个孩子的大脑白天被电子产品搅得很混乱，晚上睡眠质量又不高，怎么可能好好休息呢？

第40课 从家庭开始学习，做个好的领导者

美国俄亥俄州立大学曾经有一项研究，发现现代社会的父亲愿意参与育儿的比例越来越高，这是一件令人欣慰的事。不过奇怪的是，在这些新好爸爸的家庭中，夫妻反而更容易吵架，怎么会这样呢？

过去的传统社会中，男主外女主内。男人如果没把钱赚回家，就是男人的问题；女人如果没把家照顾好，没把孩子教好，那就是女人的问题。但在现代社会中，这种传统家庭已经越来越少，女人也需要通过工作来实现自身价值，男人也需要顾家与陪伴孩子，男女分工的界限越来越模糊。

打破男女性别框架是好事，但如果没有良好的沟通，父亲回归家庭之后，夫妻两个人分工不清，彼此互不相让，在教养细节上各有各的观点，反而会导致冲突不断。

有关夫妻之间的沟通，我将在本书的最后一章来详细讲述。在这一课，我想从另一个角度来鼓励父亲：身为一家之主，请让孩子从你的身教

中，学习如何成为优秀的未来领导者。

六种领导力

美国著名作家兼心理学家丹尼尔·高尔曼（Daniel Goleman）整理出了六种领导能力——他认为父亲在家里就是一个领导者的角色，如果能够好好培养这六种领导力，不仅可以齐家，甚至可以在职场上成为优秀的领导者。（表7-1）

表7-1 父亲六种不同的领导风格

领导风格	正面例句	优点	可能犯的错误
愿景型	让我们一起拥有成长型思维。	凝聚家族共识，产生归属感。	肤浅的赞美，流于空谈。
教练型	你试试看这样做，很有效。	产生对父亲的信任感、崇拜感。	插手干预过多。
亲和型	我们一起来想办法。	引导孩子养成思考的习惯，进而拥有成就感。	流于空泛的关怀。
民主型	你们觉得呢？	释放权力，满足孩子的掌控欲望。	心不在焉，没有担当。
进度型	我们就照这个课表进行。	让孩子有所依归，建立安全感。	生活乏味，没有弹性。
命令型	不要问，听我的就对了。	面临危机时能快速解决问题。	高压政策，孩子失去思考能力，失去亲密关系。

既然父亲是家庭的领导者，就不能只会一套方法。在中国家庭中，父亲的领导力常常就只有一招——强势、独裁。如果父亲在家里只掌握一种

强势独裁的领导力，就算孩子乖顺听话，还是有缺憾——孩子失去了学习其他领导风格的机会。

有一次我妻子带孩子去美国旅行，回来后，孩子送给我一张贴纸，上面写着一句感人的话："Daddy, you are my first teacher and my best friend."（爸爸，您是我的第一位老师，也是我最好的朋友）。我很荣幸成为他们人生中的第一个老师。那么，就让爸爸以身教来示范六种不同的领导风格，期待孩子将来都能成为优秀的领导者吧！

愿景型父亲

愿景型的父亲，在家里非常会激励孩子。他带给孩子品格教育，谋划家庭愿景与方向，这种共同信仰的氛围对孩子的心态成熟非常有帮助。在美国有许多研究发现，学生中途辍学最大的原因不是家境贫困，而是没有继续努力的品格与动机。而愿景型的父亲，正是培养孩子毅力的关键人物。

愿景型的父亲要避免一个显而易见的误区，就是只会唱高调、画大饼，却从来不身体力行。要学会本书第五章所描述的"称赞孩子三部曲"，不要肤浅地赞美孩子，而要实实在在地赞赏孩子的努力以及背后的人格特质。

教练型父亲

关于教练型领导风格，最正面的例句是："你试试看这样做，可能很有效。"当孩子遇到挫折的时候，教练型的父亲会走过来，拍拍孩子的肩膀说："来，我教你。"孩子照你的话做了，并且克服了困难，你在他的心中就树立起了英雄形象，孩子将会对你充满崇拜感！

但如果不管孩子做什么事情，连试都还没试，父亲就在旁边指指点点、过度干预，则会让孩子什么都学不会。

亲和型父亲

亲和型的父亲就像孩子的朋友，也最在乎亲子关系，喜欢和孩子坐下来一起想办法。他不像教练型的父亲，用自己的人生经验教导孩子，而比较像心灵导师，时常引导孩子思考，让他自己想出答案，进而建立孩子的自信心。

但是使用太多亲和型的领导力，父亲可能流于空泛的关怀，让孩子感受不到父亲的指引。孩子也可能会失去长幼礼节，对父母、长辈不敬。

民主型父亲

民主型的父亲不同于亲和型的父亲，他会将家庭决定通通付诸表决，多数人觉得好就照着做，将决定权完全释放给家人。民主型的父亲可以培养孩子对家庭的责任感，并且能够让孩子从小懂得尊重不同的声音，这项能力对于如今的多元化社会非常重要。

但如果每件事都投票表决，孩子也会觉得父亲没有主见，没有担当。尤其是当遇到需要紧急决策的问题时，如果父亲没有承担起责任，而是一再询问家人的意见，久而久之，孩子对父亲的尊敬程度就会大打折扣。

进度型父亲

进度型的父亲最爱依照标准作业流程办事，他们会替孩子列生活进度表，每天照表执行，是执行力最强的领导者。对孩子来说，这样的父亲虽然死板，但让生活有规律，也会让孩子比较有安全感，不用担心下一刻会发生的变化。

但是这样的生活缺乏弹性，久而久之就会变得乏味无趣，这是进度型父亲最显著的缺点。

命令型父亲

命令型的父亲是中国家庭最熟悉的类型——独裁、权威，孩子不能顶嘴，不可反驳，只能乖乖听话。命令型的父亲并非一无是处，当家庭面临危机时，一位有担当、有远见的领导者，确实可以带领家庭快速走出困境。

但是在高压政策之下，父亲牺牲的是与孩子之间的亲密感，孩子们对命令型父亲的爱是不完整的爱，因为孩子内心带有恐惧。更糟糕的情况是，有些命令型的父亲在家爱耍威风，却偏偏不是做领导的料，真正需要做决定的时候又没办法取舍，以致最后被孩子疏远。

六种领导力交互使用

根据哈佛大学的研究，职场的主管如果具备这六种领导力，人生中有87% 的机会可以成为一个非常好的领导者。从这个角度来看，好好扮演父亲的角色，真的是好处多多，除了可以让男人在家具有领袖气质，还能将这些领导力传递给孩子。

在建立家庭的路上，我们一定会面临千千万万个抉择，每个抉择都像是一个十字路口，要决定向左转还是向右转。面临这些生活中的选择题时，父亲先不要急着发言，请静下心来想一下：此时此刻，我该采取哪一种领导风格？是该站出来说“交给我”，还是退一步说“大家投票决定”？当孩子面对失败时，是该拍拍他的肩膀，问“你愿意让我来教你吗”，还是换上运动裤，陪孩子打一场篮球？

在孩子离开家独立生活之前，在这为期18年的“训练营”中，最幸运的是，父亲可以有千百次失败的机会。孩子们不像职场里的员工，在他们的心中，不论你的领导力是好是坏，他们的内心依然爱着你，他们也不会弃你而去，除非你深深地伤了他们的心。

每次经历失败之后，父亲们只需要把握一个秘诀，孩子的心就一定会回归，这唯一的秘诀就是——勇于道歉。

勇于道歉的父亲

在家庭生活中，如果爸爸做错了事，就该跟孩子道歉；如果决策错误了，也可以跟孩子道歉，而且道歉时要真诚。家长们可比照上一节课教大家的“五个层次道歉法”来做，即表达悔意、承担责任、愿意补偿、愿意改变、请求原谅。

有一次，我儿子做完一张数学试卷，扬扬得意地拿给我检查。我勾出了几个错误，请他改正。我本来觉得这只是一件再自然不过的事，没想到他竟然生气地踢了一下椅子，而且眼眶泛泪。当时我认为儿子态度不好，就开始数落他知错不改、逃避现实，儿子被我说得号啕大哭。当天我们俩就这样不欢而散，后来整整一小时，我都处在愤怒的情绪当中。

事情过了不久，我冷静下来，试着理解儿子的情绪，想起他是一个爱面子、崇尚完美主义的男孩，或许他不是在逃避，而是因为他本来对自己信心满满，最后却因为一些小失误而造成结局不完美，他是在生自己的气。如果我当时设身处地地考虑他的感受，就不会给他贴上“逃避、知错不改”的负面标签了。

当天晚上，我为自己情绪失控、大声怒斥孩子而道歉，并且问他内心是不是如我所猜测，因完美主义的追求让他难过。他点点头。这件事过了几天，孩子又完成了一份数学试卷，一样又错了几道题，他的眼眶又开始泛泪，但这一次我做得很好！我试着去理解他的情绪，体会他的心情，并帮他擦干眼泪。5分钟后，他就恢复了平静，2分钟就把错题改正了，整个过程只花了不到10分钟。

我逐渐明白，我儿子需要的是一位亲和型的父亲，而不是教练型或命令型的父亲。我因为愿意向孩子道歉，打开了他的内心，反而让我成为更好的领导者。

婚姻家庭就像一面镜子，不论男人在外人眼中多么威风，多么呼风唤雨，在家人面前依然像是光着身子，轻易就被赤裸裸地看穿内心。与其成天戴上面具，在孩子面前遮遮掩掩，还不如大方地承认——爸爸内心世界里也有脆弱的部分。勇于面对自己的软弱，就是坚强的起点，我愿与所有父亲们共勉。

第八章

是专注力不足，还是学习障碍？

★ 影响专注力的生理因素：年龄、睡眠、运动、饮食、疾病

★ 学习障碍Ⅰ：外来信息无法输入

★ 学习障碍Ⅱ：大脑无法良好运算

★ 学习障碍Ⅲ：学习成效无法输出呈现

★ 情绪因素Ⅰ：习得的无助感

★ 情绪因素Ⅱ：家庭创伤、校园霸凌

★ 多动症药物：该用就用，该停就停

★ 最好的品格教育就是身教

“分心”“不专心”是行为主义常用的词汇。如果你是行为主义学派的家长，相信你也时常不经意地给孩子贴上过“不认真、不用心”的标签。

可是身为父母，你们可曾想过：是孩子自己选择不专心的吗？是他们选择考试不及格，心甘情愿被老师责难，甚至被同学嘲笑的吗？显然不是。既然没有人喜欢这样的生活，为什么孩子们还是不断在学习上犯各种错误呢？

如果父母希望孩子在学习上能渐入佳境，那就千万别让那些负面言语伤害孩子的学习自信。下面，让我们抽丝剥茧，先把孩子的学习困境分为三个方向来探讨：生理因素、学习障碍与情绪因素。

第41课
影响专注力的生理因素：年龄、睡眠、运动、饮食、疾病

★★★★★

什么是生理因素？简单地说，就是大脑受到身体状态的干扰，以致不能发挥最大的功效。生理因素对学习的影响很大，简单列出五项可能降低学习能力的原因，分别是：年龄太小、睡眠不足、运动不够、垃圾食物摄入过多以及生病不舒服。

孩子的年龄

很多父母对孩子的专注时长有着不切实际的期待，比如说要求3岁的孩子坐在餐椅上专心吃饭半小时或者完整读完3本图画书等。

事实上，孩子的专注时长会随着年龄的增长渐渐延长。以笼统的标准而言，孩子的专注时长约是年龄乘3（分钟），比如说，2岁小孩的专注时长最多是6分钟，3岁的小孩最多9分钟，依此类推。当然，这个数字范围只是让大家稍微有一个概念而已，因为每个孩子的大脑发育情况各有不同。

对孩子专注时长的错误期待会造成许多负面的结果。比如带孩子去参加婚礼，如果他的专注时长最多是30分钟，那孩子在婚礼的后半段开始坐不住、乱丢食物是必然的结果。如果我们事先什么玩具都没有准备，也没有定时带孩子出去散散步，等他一开始胡闹，你就骂他，甚至把孩子拎到墙角进行处罚，这就是典型的错误期待。

又比如现在幼儿的体能早教课程特别多，很多父母花了大把银子，送孩子去上足球、音乐、体操等课程。家长本意是希望孩子喜欢上这些才艺和技能，但一小时的课程，孩子无法一直集中注意力，于是，孩子在课堂上不听教练的指令，开始开小差。一个学期后，孩子可能告诉你："我讨厌足球。"

请综合考虑孩子年龄和他能专注的时间限度，因为年龄是影响专注力的第一个要素。

睡眠不足最糟糕

睡眠不足，孩子肯定无法专心。在本书第二章，我已经特别提醒家长，熬夜对任何人的健康都不利。人类的大脑约20岁才发育成熟，所以就算要熬夜，也要等大脑发育成熟！怎么能在大脑最需要发育的儿童时期，让孩子睡眠不足呢？

再次强调，6～12岁的小学生每天需要10～11小时的睡眠，13～17岁的中学生每天需要8.5～9.25小时的睡眠。科学研究告诉我们，每天晚上睡眠少于6小时的学生，连续5天之后，他的智力评估与专注度跟两天48小时没有睡觉的人一样糟糕。孩子的专注力与睡眠时长完全呈正比，如果你觉得孩子注意力不集中，就需要把他的睡眠时间固定，执行一段时间后，再来看看注意力不集中的问题是否已经解决。

运动可增进大脑专注力

很多人认为专心的定义就是一个人坐在书桌前，打开一盏灯，低头读书。这其实是错误的。美国得克萨斯州农工大学曾经做过一项调查，他们把小学生班级的课桌椅通通换成高脚椅，期望通过这个小改变，让孩子可以“动一动”，不要整天坐在小椅子上不动。

经过一年的追踪，他们发现当矮椅子换成高脚椅之后，这些孩子在课堂上的专注时长竟然增加了20%，即差不多每小时多了7分钟的专注时长。当这些孩子专注力高度集中时，他们会举手发问，热烈讨论，或者回答问题，总之不会发呆。这样的上课气氛，老师们都很高兴，学生也很开心，皆大欢喜。

美国佛蒙特大学做过一项研究，把幼儿园的孩子分成两组，一组孩子在上学之前，先去跑步、踢足球，从事剧烈的运动30分钟后再进教室；而另外一组孩子则在教室里安静地绘画或是进行手工活动，就这样完成一天的学校生活。经过3个月的观察，发现这些以激烈运动开始新一天的孩子，专注力、情绪力有了一定的增强，多动症状甚至反抗顶嘴等状况也有了明显的改善。这些进步不只出现在学校，回家后父母也能感觉到孩子更专心了。

当我们手动脚动时，大脑的血液流动比较顺畅，可以“唤醒”大脑，让人重新进入专注的状态。而在传统的教室里，孩子必须规规矩矩地坐好，不可以随意走动，这反而容易让大脑进入昏睡状态。

运动可以促进孩子记忆力、专注力、学习能力等提升，这早已得到科学验证。美国很多中小学也开始尝试将学习与运动结合起来，让孩子运动与学习交替进行或是一边运动一边学习，成效都远远超过整天坐在教室里安静地学习。

垃圾食品让人专注力下降

吃零食、喝饮料等摄取垃圾食物的行为，都会影响专注力。零食中的人工色素、防腐剂会让孩子的大脑变得很混沌。再聪明的小孩摄取这些垃圾食物中的化学物质后，大脑或多或少都会受到负面影响。

2007年，最具权威性的医学研究期刊《柳叶刀》刊登的研究成果显示，在平常没有多动症状的3～9岁的儿童族群中，孩子只要喝了含有食用色素或苯甲酸钠防腐剂的饮料，多动症状都会恶化。

俄勒冈卫生科技大学的学者于2012年对34篇研究食品添加剂与多动症关系的文章做了一项综合整理，结果显示将近33%有多动症状的儿童，通过减少摄取食品添加剂的介入之后，症状有所改善。因此，要提升孩子的专注力，就要让孩子戒掉吃垃圾食品的习惯！

至于是否有增进专注力的食物？答案是有，那就是吃鱼。一般医生的建议是，一周吃3次以上的深海鱼，就能摄取到足量的Omega-3不饱和脂肪，这可能是吃鱼可以改善专注力的原因之一。不过现在因为海洋污染太严重，吃鱼的时候要避开鲨鱼、金枪鱼、旗鱼等大型鱼类，因为这些鱼可能汞含量过高。

过敏性鼻炎等疾病

很多孩子不专心是身体疾病造成的，比如过敏性鼻炎。如果孩子早上起来打喷嚏，白天鼻子堵塞，必须张口呼吸，晚上睡眠过程中呼吸中止，导致大脑慢性缺氧——这会让孩子看起来心不在焉，学习能力肯定也会变差。

过敏性鼻炎是能够治愈的。家长可以做两件事：第一，去除环境过敏原（使用防螨床罩）；第二，使用类固醇鼻喷剂2～3个月。孩子鼻子通畅了，睡眠质量就能提高；大脑清醒了，专注力当然会一并提高。

孩子的过敏症状，除了鼻炎外，还有可能引起其他病症，如慢性皮炎或气喘咳嗽等。这些身体的不适，都会影响孩子的专注力。至于其他听力障碍、视力障碍等与“耳聪目明”相关的疾病，我会在后面讨论。

第42课
学习障碍Ⅰ：外来信息无法输入

★★★★★

在本书的第五章，我描述了一位有学习障碍的11岁女孩，小学毕业后她还写不了几个字，很多人都积极帮助她，却仍然无法扫除她的学习障碍。这个女孩的智力测验结果并不算太差，教过她的人都说“这孩子就是不用心，不肯努力”。

但真的是这样吗？

学习密码：听、说、读、写、算

当大家在读我的这本书时，你们的眼睛可以快速地扫过文字，在短暂的时间内，我想表达的意思就可以进入你们的大脑。但是同一本书，如果交给不懂中文的美国人，就算他智商180，一样看不懂。对外国人而言，汉字像密码一样，必须一个字一个字地解密，才能理解其意义。而身为中国人的我们，究竟是如何从小学会“汉字密码”的呢？答案是靠“听、说、读、写”这四个步骤。

学龄前儿童是用“听”和“说”的方式来了解语言密码的。比如一个婴儿常常听家人说“ping guo、ping guo”，通过观察，他会发现这个声音代表一种红色的、圆圆的、吃起来酸酸甜甜的水果。有一天，他就会试着对妈妈说出“ping guo”这个词，妈妈听到之后，立刻拿出红红圆圆的水果削给他吃。

哇，这实在是太方便了！孩子知道以后想要吃红红圆圆的水果，不需要再比画了，只要说出“ping guo”这个通关密码就可以了——从听到说，婴幼儿渐渐解开中文密码的前半段。

上学后，老师在黑板上写出“苹果”二字，同时嘴里念出“ping guo”。孩子把听到的“ping guo”的声音、黑板上的“苹果”二字以及脑海中红红圆圆的水果这三者全部画上等号，瞬间形体、语音、文字合而为一，“苹果”的文字密码就此解开了。

从上面的描述可知，一个孩子能够掌握中文的听说技巧，基本上已经花了好几年的时间，再加上中文的读写技巧，更需要复杂的大脑运算过程。孩子在学校除了语言学习，数学的“算”也是必备的能力。因此在“听、说、读、写、算”这五项学习能力中，孩子只要某一项出现障碍，他的学习就会比其他人困难。只有早期发现、早期介入，引导孩子换另一种方式学习，才能确保学习的成效。

了解这五项学习能力之后，现在我们试着从孩子的角度来思考，他所面临的困境是以下的哪一种。

外来信息无法输入：听力、视力、听知觉、视知觉障碍

一个孩子如果在学习时，“听”和“读”这两个步骤出了问题，我们

就将其归类为外来信息无法输入的学习障碍。

听力与视力检查

期待孩子听得好、读得懂之前，首先需要让医生确定孩子的听力和视力是否正常。

过去，“聋”就等于“哑”，婴幼儿时期的听力损失，等于断送了婴幼儿所有的学习能力，语言无法发展，更不用说其他知识的吸收。在21世纪，新生儿听力筛查已经非常普及，成为现代医学基本的检查项目。发现新生儿阶段听力受损的孩子，要立刻求助耳鼻喉专家以及听语治疗师（听语治疗师专门训练因听力异常而影响语言学习的孩子），挑选适当的助听器或者更先进的辅助工具，帮助孩子从出生就能听得见。

但是有少数孩子出生时听力筛查是正常的，随着年龄增长，会渐渐发生听力受损，可能是单侧，也可能是双侧。如果你的孩子生活中常常发出“啊”（第二声）的声音，或者你的直觉告诉你孩子听人讲话时常常错误理解别人的意思，比如“裤子、本子、肚子”等词汇分辨不清，就要去医院检查孩子的听力，如果发现异常，要积极进行治疗。

除了听力检查之外，视力检查同样重要。如果孩子时常出现作业写不完的情况，请家长先不要急着骂人，应该带孩子去检查视力，说不定孩子已经近视了。经过戴眼镜矫正之后，孩子的学习障碍才能扫清。

听知觉障碍

如果简单的听力、视力检查做完后结果都是正常的，但孩子还是常常问：“啊？你说什么？”这该怎么办呢？比如刚才提到的11岁女孩，妈妈跟她相处一整天，她大概会说十几次的“啊”，“裤子、本子、肚子”分辨不清，而且电视的音量总是开得很大，像听力下降的老人一样。

这种虽然听力检查正常却表现得像失聪的孩子，应该归类于“中枢听知觉处理异常”，或者简称为“听知觉障碍”。这些孩子耳朵的听力正常，智商也没问题，问题却出在两者之间的“邮差”上。

当说话声音进入耳朵之后，信息必须经由类似邮差的神经传递系统，送到大脑皮质。而患有听知觉障碍的孩子，他的“邮差”不停地打瞌睡，很难叫醒，常常让人感觉他没有认真听，好像在神游。

这些孩子的特点如下：

- 无法辨别声音从哪里来，例如：闹钟在房间里响，他却跑到客厅找。
- 只有把电视音量开得很大，才能听懂角色间的对话内容。
- 无法辨别文字音调的差异，例如：裤子、本子、肚子分不清。
- 环境一嘈杂就分心，例如：只要教室里有噪音，上课就一定发呆。
- 大脑处理声音节奏太慢，例如：当有人说笑话时，是最后一个笑的。
- 总是记不住同学的名字，整天说那个谁谁谁。
- 从小说话就颠三倒四，倒装句、倒装词特别多。
- 没有音乐天分，不能分辨音高。

听知觉障碍的孩子弱点在于“听”和“说”，但是他们的强项却在于视力，因此要引导这样的孩子学习，需要大量的图片帮助记忆。我们甚至可以这么说，患有听知觉障碍的孩子，应该比照听障的孩子来教学，找听语治疗师帮忙，因为他们最了解听知觉障碍者面临的困境。在生活中，我们可以这样帮助听知觉障碍的孩子：

* 确保孩子在安静的环境里学习。
* 跟他说话要提高音量，语速放慢，做到字正腔圆。
* 等待孩子响应要有耐心，要非常有耐心。
* 尽量用图标、文字、便利贴、手势来下指令；如果用口语表达，最好只给一个口语的指令，多了他就会忘。
* 上课的时候，他可能需要跟听障孩子一样，佩戴专门的扩音耳机，以便放大老师的声音，避免其他噪声的干扰。

患有听知觉障碍的孩子并不少见。根据国外的统计，约有2%～5%的孩子患有听知觉障碍，一般男孩的数量为女孩的两倍。2%～5%！你可以想象这世界上有多少患有听知觉障碍的孩子，因为听力检查正常，就被贴上“不用心、不专心”的标签，或者被诊断为注意力不集中、多动症，或泛自闭症候群。

这些孩子因为没有外显的疾病，诊断需要专业的听语治疗师协助，执行中枢听知觉行为评估——包括行为及电生理的检测等。这些检查在欧美国家已经开始推广，但是并不普及，很多医生甚至没听过这种疾病。如果你的孩子有类似状况，可以找治疗学习障碍的听语治疗师或者帮助听障儿童学习的听语治疗师帮忙。另外，你也可以通过一些帮助学习障碍孩子的家长团体，为孩子找到合适的特教资源。

这些孩子可能有绘画、美术的天分，家长可以从艺术方面入手，帮助孩子找回自信心。当然家长同时也要接受训练，磨炼自己的耐心，学会跟这样的孩子沟通，因为即便到了成年之后，有些人依然可能持续被这一疾病困扰。

视知觉障碍（阅读障碍）

如果说听知觉障碍是耳朵听了，却没有听懂，那么视知觉障碍就是眼睛看见了，却没有看懂。属于同样的逻辑概念，视知觉障碍的孩子视力正常，智商也没问题，问题却出在眼睛与大脑两者中间的“邮差”以及大脑接收信号后的处理方式上。

患有视知觉障碍（阅读障碍）的孩子有以下特点：

* 人脸辨识不佳，而且不太会分辨表情，导致个性自闭。
* 教过的文字，隔天马上就忘。
* 念文章给他听，可以很快背下来，但是通过文字阅读，永远记不住。
* 阅读时会漏字、跳行。玩桌游或大富翁游戏时，走几格常常数错。
* 写字像是在画画，完全没有笔顺概念，而且写的字上下左右会颠倒。

如果你无法理解患有视知觉障碍的孩子的学习困境，可以立刻试着体验一下：在阅读这本书的时候，把灯光调暗，暗到几乎看不见的程度。在如此昏暗的灯光下，试着理解我写的文字内容，或者试着用嘴巴读出句子，我想你一定会觉得很困难。

是的，这些孩子在读和写的时候，就遇到了这样的困难，因此他们的视力虽然正常，阅读起来却并不容易。阅读障碍、读写障碍、视知觉障碍，通常都是一起发生的。陪伴这些孩子，要善用他们的优点（听知觉非常敏锐），并且回避他们的弱点（视知觉非常迟钝），以此来提高学习效率。比如：

* 学写字的时候，先将合体字拆解为不同的部分，然后像拼图一样，让孩子对文字的部首、结构越来越熟悉，最后慢慢学会识字。
* 把文字放大影印，让字体变大，可以帮助患有视知觉障碍的孩子唤醒大脑的“邮差”。
* 家人先朗读一篇文章并录音，让孩子聆听几遍录音内容，听熟之后再让他阅读，可以帮助他更轻松地享受阅读的乐趣。
* 指字念读或者用不透明的直尺将其他行的文字遮住，避免干扰。
* 习字时让孩子遵照笔画顺序，反复练习，形成反射动作。
* 请老师把手写作文调整为口述作文，或者用语音输入、计算机打字等形式替代传统书写。
* 可以依照法律，由家长、老师、特教老师、医生或其他研究学习障碍的专家，开会拟订个性化教育计划，比如考试的时候，由他人口述题目，让孩子口头回答或用计算机打字作答。

患有视知觉障碍的孩子，常常是阅读障碍合并书写障碍，他们光“认字”就已经花了别人好几倍的时间，然后还要反复练习笔画顺序，所需时间就更多了。其实在21世纪的今天，几乎所有的文字都可以用计算机输入，写字真的那么重要吗？我个人认为这个问题值得商榷。

汉字是全世界极少的象形文字，学习门槛高于拼音文字，对于视知觉障碍的孩子来说，与其浪费时间练习书写，不如提早使用计算机打字或者计算机语音输入，以减少学习的挫折感。

找到孩子的优势

我们知道，老鹰是飞行高手，海豚是游泳专家，两种动物各有自己的优势。但是如果你想把老鹰教成游泳专家，或者让海豚在空中飞，就算请再厉害的教练，也注定会失败。学习障碍也是一样。对这些孩子来说，听知觉或视知觉问题是永久存在且无法治愈的障碍，我们不要妄想经过严格的训练，就可以让他们和其他孩子一样用同样的方法来学习。这是不切实际的期待。

我们权且把学习比喻为从 A 起点到 B 终点，如果其他孩子都是从 A 点飞行到 B 点，那么，有听知觉或视知觉障碍的孩子从 A 点游泳到 B 点，一样可以到达终点。享受知识增长的快乐，这才是他们学习的目的。

患有听知觉障碍的孩子优势在于视觉，如果他们喜欢画画、球类运动，家长就应该全力帮助孩子，发展视觉的优势。反之，视知觉障碍的孩子，听觉就是他们的优势，陪孩子学音乐、发展口语能力，这才是因材施教。

帮助患有学习障碍的孩子找寻课业以外的一技之长，是非常必要的协助途径。但在寻找的过程中，家长也要尊重孩子的兴趣，了解他的优势所在，才不会弄巧成拙。

第43课
学习障碍Ⅱ：大脑无法良好运算

★★★★★

下面，我们来讨论一下导致学习障碍的另一种情况，即“大脑无法良好运算”的问题，主要包括注意力不集中、多动症、数感不佳和智能障碍等。

注意力不集中、多动症

有关注意力不集中、多动症的诊断，目前还没有比较科学的指标，依然比较偏行为主义，用外显行为来判断，搭配全世界通用的《精神疾病诊断与统计手册》，作为医学上的诊断标准。

多动症的确是存在的。这些孩子的大脑皮质成熟速度较同年龄孩子缓慢，掌管专注力、动作、冲动的能力的发育，大约比同龄孩子晚了2~4年。他们大脑里的一种叫作多巴胺的神经传导物质不足，无法控制负责上述能力的大脑区域，所以才会导致注意力无法集中、多动或个性冲动。

有关注意力不集中、多动症该怎么干预的问题，在后文会有详细叙述，但大家可以先了解一下，这种疾病被归类在“学习障碍：大脑无法良好运算”的范畴。

数感不佳

在学习障碍类型中有一种特别的孩子，叫作数学学习障碍，就是“听、说、读、写、算”的最后一个“算”出现问题。他们的数感极差，比如说看到桌上的苹果，他们很难建立直觉，无法看一眼就知道有几个，必须一个一个点数，才能说出答案。

数感并不是一辈子都固定的，而是会随着年龄的增长发展。根据皮亚杰的认知发展阶段理论，7岁之前的孩子的发育水平仍处于所谓“前运算阶段”，还不了解加减是怎么一回事。所以如果你不拔苗助长，等七八岁再来教他加减乘除，大概用不了几天他就学会了，事半功倍，而且成就感很高。

当然，还是有些真的数感不佳、有学习障碍的孩子，学习速度会比一般孩子缓慢，这时候可以用下列方法帮助他建立基本的计算能力：

- 允许他用手指头点算。
- 大量使用数学教具。
- 使用有网格线的计算草稿纸，计算时不会让他思绪混乱。
- 使用不同颜色的铅笔来区别不同的算式。
- 将口诀儿歌化。
- 在计算机上“玩”数学。

数感不佳的孩子需要比其他孩子做更多的计算练习，但整天面对枯燥的纸和笔进行运算，孩子一定会失去耐性。所以在陪伴这类孩子时，除了上述方法之外，练习数学不一定要在书桌前，还可以让孩子在生活中随时随地找到接触数学的机会。

比如买东西的时候，让孩子将每样商品价格加起来，算出总数是多少；或者在分配玩具和食物时，让孩子想一想，怎么给大家分配才会公平。这些生活中的数学练习都可以缩短孩子坐在书桌前的乏味时光。

有些孩子解题时连数学题目都看不懂，特别是那种生活应用题。这类孩子的家长要更有耐心地陪伴孩子拆解题目和理解题意，带着孩子用图画的呈现方式把题意画出来，再一一解答。这些过程其实和一般孩子学数学的方法一模一样，只是家长和孩子都要更有耐心。

智能障碍

最后一类运算困难的孩子，是比较明确的智能障碍儿童。这些孩子应该在学龄前就已经有各种发展迟缓的问题，并且合并早产、感染、基因异常、遗传等其他病因。

考查智力水平一般使用标准化的智力测验（如韦氏幼儿智力量表、韦氏儿童智力量表）来评估，以平均智力水平100分为标准，70分以下的孩子被诊断为智力低下。这些孩子的早期治疗目标，是提升其独立生活能力、自我照顾能力与社会适应能力，不必太苛求其在学习上的成绩。

第44课

学习障碍Ⅲ：学习成效无法输出呈现

★★★★★

大小肌肉发展慢，感觉统合不良

有些患有学习障碍的孩子接收外来信息输入没问题，大脑运算也没问题，但是作业常常写不完。这些孩子就可能有第三种学习障碍——无法将学到的东西输出，最常见的诊断包括感觉统合异常、肌张力不足等。

有自闭倾向的孩子从小就安安静静、不好动，因此他们的大小肌肉都没有得到练习。因为缺乏运动，导致肌肉张力明显不足，写字用的小肌肉使不上力，写几个字就觉得累、手酸，想要休息。

不只是具有自闭倾向的孩子，很多现代的都市儿童从小运动量就不足，因此大小肌肉发育慢，感觉统合不良的孩子越来越多。

预防的方法很简单，父母可利用各种机会带孩子跑跑跳跳，从小锻炼孩子的肌肉，才不会等他们到了要写字的时候发现孩子没力气。至于手指头的小肌肉训练，可以在一般家务中进行，比如剥虾壳、剥葡萄皮、用筷子、扣纽扣等，总之，就是少帮孩子做事，凡事让孩子自己慢慢来。

医疗机构中的职能治疗师、物理治疗师也可以帮助孩子在游戏中找回本体感觉，发展平衡与肢体协调能力，并锻炼肌力。肌力训练起来了，握笔有力气了，写字速度就能变快，同时孩子的自信心也能建立起来，作业问题也就慢慢解决了。（表8–1）

表8–1　帮助孩子找到学习的问题所在

问题来源	关键项目	外显行为	解决方法
生理因素	年龄	不同年龄的专注力发展有对应的持续限度。	不是不专心，而是时候未到。
	睡眠	睡眠不足会导致专注力下降。	保证充足睡眠，固定时间入睡，才能提高专注力。
	运动	让大脑血液流动顺畅，提高输入及处理新信息的能力。	动得多，才会学得好。
	饮食	食品添加剂会使大脑混沌。	拒绝零食、饮料，一周吃三次以上非大型的深海鱼。
	疾病	过敏引起的身体不适，会让学习力变差、专注力被打断。	除去居家过敏源，鼻炎可使用类固醇鼻喷剂2～3个月。
学习障碍Ⅰ：外来信息无法输入	听力障碍	音韵觉察不佳，听觉理解弱，易误解他人的说话内容，发音相似词语分辨不清。	进行听力检查，求助耳鼻喉专家和听语治疗师。
	视力障碍	追视能力差。	到眼科进行视力检验，配戴眼镜矫正。
	听知觉障碍	类似听力障碍，听觉理解弱，易误解他人的说话内容，发音相似词语分辨不清。	搭配视觉图像辅助学习，求助听语治疗师。
	视知觉障碍	阅读障碍，读写困难。	先听后读，把字体放大，拆部件识字。

续表

问题来源	关键项目	外显行为	解决方法
学习障碍Ⅱ：大脑无法良好运算	注意力不集中、多动症	多巴胺分泌不足，造成注意力不集中、多动及个性冲动。	药物、行为、认知治疗多管齐下，帮助孩子稳定外显行为。
	数感不佳	无法通过直觉练习算数。	耐心陪伴、图解题目、了解题意，逐步找出解题信号。
	智能障碍	发展迟缓，学习落后。	给予早期疗育，提升独立生活能力、自我照顾能力与社会适应能力。
学习障碍Ⅲ：学习成效无法输出呈现	大小肌肉发展慢	肌肉张力不足，感觉统合不良。	到医疗机构咨询职能、物理治疗师，在游戏中发展平衡与肢体协调能力，同时锻炼肌力。

第45课

情绪因素Ⅰ：习得的无助感

★★★★★

要提高大脑的学习能力，除了排除上述的生理因素、学习障碍之外，还有一个重中之重，就是不能给孩子过多的“毒性压力”。这句话请大家一定要记住：在毒性压力下长大的孩子，不仅当下的学习能力会变差，甚至一辈子的学习能力都会受到影响。

孩子的大脑很脆弱，毒性压力可能来自家庭创伤，也可能来自校园霸凌，更常见的是来自学习挫折感。即使是身体健康、耳聪目明的孩子，长期处于毒性压力之下，学习障碍比例也会大幅升高；更不用说那些本来就有学习障碍的孩子，被老师、家长用错误的方法催逼，多重压力之下，更容易形成“习得的无助感”。

习得的无助感影响学习力

在第一章我用心理学家马丁·赛利格曼的动物实验来解释，如果父母或老师教导孩子时操之过急、拔苗助长，把超过孩子能力所及的要求强加在孩子身上，最后孩子会因为反复的失败、挫折而产生困惑，找不到规律，最终形成习得的无助感，学习欲望完全被浇熄。

在我见过的个案中，许多上小学的孩子学习欲望极低，而且对生活没有热情。他们的父母听了我的解释之后，都非常后悔，承认自己在孩子学龄前给予太多超过其承受能力的学习任务。

若想要破除孩子习得的无助感，让孩子重新拾回学习的热情，我们可以参考芝加哥大学卡米尔·法林顿（Camille Farrington）教授的方法。一起来看看她是怎么做的：

* 先让孩子感觉自己属于这个地方（建立归属感）。
* 营造孩子因为努力而增长能力的经验（任务由浅入深）。
* 让孩子相信自己能做得到（产生自信心）。
* 让孩子觉得这个科目很重要（内在动机、品格教育）。

这四个方法是有顺序的，换句话说，在学习团体中找回归属感，是让已经失去学习动机的孩子重新步入正轨的关键一步。

我接触过这样一个案例：一个孩子因为在原来的班级成绩不好，被同学嘲笑，但老师不仅没有及时处理，还向家长抱怨孩子调皮，干扰其他同学上课。后来妈妈恳求校方，让她的孩子转到了另一个老师的班级。

非常幸运，这位新的班主任既专业又有经验，她成功营造了同学之间的合作气氛，让这个孩子被新环境所接纳。因为有了归属感，孩子情绪稳定下来。在新班级的两年中，老师仿照法林顿教授的方式，给孩子制订个性化的作业，通过由浅入深的学习模式，逐渐建立孩子的自信心。除了成绩慢慢提升之外，孩子还听从老师的建议，每周末打电话给奶奶嘘寒问暖。妈妈说这孩子跟过去相比简直是判若两人。

然而好景不长，两年之后又换了班主任。这一次，孩子融入团体并不顺利，新的老师也不再给予他个性化的作业，而是设定全班一视同仁的标准。这个孩子两年来的自信心又被打回谷底，那些注意力不集中、多动、冲动的行为又慢慢回来了。我看着这个孩子6年来的变化，感触良多，这就是教学现状所带来的困境，老师、孩子、家长都很辛苦，照顾这些容易产生习得无助感的孩子需要格外用心和谨慎。

父母的情感支持可提升学习能力

有一天，加拿大的神经科学家迈克尔·明尼（Michael Meaney）教授把做完实验的小老鼠放回笼子里时，发现当这些饱受惊吓的小老鼠进入笼子后，它们的妈妈一定会过来舔舔小老鼠的毛发。这个动作引起了明尼的兴趣。

你大概也猜得到，实验室的小老鼠被抓出笼子，一定没什么好事，不是打针，就是抽血，所以这些小老鼠的压力指数普遍很高。但是明尼发现，经过老鼠妈妈舔一舔毛发之后，这些本来很惊慌的小老鼠瞬间就变得很平静。

于是明尼设计了一个实验，将刚出生的老鼠分成两组，一组在生命的前10天当中，让妈妈尽情地陪它们舔它们，另外一组则单独成长。10天之后，将两组老鼠都送入单独的笼子。

3个月之后，明尼把100天大的老鼠拿出来放在迷宫中，观察它们探索与学习的能力。结果发现，出生10天内曾经被妈妈安抚过的老鼠，探索所用的时间竟然只有另外一组的七分之一！妈妈舔舐的安抚能力帮助幼鼠的大脑释放毒性压力，用10天的温柔投资培养出100天以后的学习能力，真的很值得。别以为10天很短，老鼠的生命周期一共才300天左右，10天大约相当于人类两三年的寿命。

反观我们的学龄前幼儿，其实就和出生10天的小老鼠一样，大脑尚未发育成熟，无法承受毒性压力的侵害。若孩子拥有稳定的家庭结构以及一对温柔呵护的父母，那么他就可以释放外界带来的毒性压力，进而提高未来的学习能力，增强探索世界的欲望。

第46课
情绪因素Ⅱ：家庭创伤、校园霸凌

★★★★★

家庭创伤会降低学习能力

在第一章，我曾经介绍过一个名词——童年家庭创伤指数。社会心理学家利用问卷，将童年时可能会引发毒性压力的因素勾选出来，如父母的辱骂、家庭疏离、父母离异、家庭暴力等，计算出最后的创伤指数（详见表1-1）。创伤指数的分数，除了可以预测孩子未来的身心健康状况，也可以预测孩子未来的学习能力。

美国儿科医生纳丁·哈里斯（Nadine Harris）来自破碎的家庭，所以她对创伤指数与学习能力的关联性特别有兴趣。根据她的研究发现，童年家庭创伤指数若在4分以上，未来孩子上学之后，有51%会产生学习或行为问题。另一项哈佛大学的研究也显示，在不稳定的家庭气氛中长大的孩子，较不容易申请到大学奖学金，而且高中辍学的比例比同龄人高出6倍之多。

我刻意把学习能力这个主题放在本书的后半段，如果家长从头开始读到这个地方，应该可以回想起我此前在书中一再强调的：亲子之爱里应该没有恐惧。通过童年家庭创伤指数的研究、依附理论的研究、习得无助感的研究、成长型思维的研究、学习障碍的研究……这么多科学的证据都告诉我们，所谓的恐惧式教养方式真的应该被淘汰了！

如何让孩子生活在稳定的家庭气氛中？在第五章，我列举了许多亲子沟通的方法，主要包括：父母要谨记“七比一原则”，即每说一句规劝的话，就要补上七句正向鼓励的话；要全神贯注地回应孩子的提问；要忽视孩子无伤大雅的调皮捣蛋，温柔而坚定地规劝少数严重犯规行为，并且建立规律的生活节奏。在接下来的第九章，我将探讨幸福婚姻的科学处方，也会教大家一些经营夫妻感情、让家庭更加稳固的科学方法。

校园霸凌影响学习能力

我们常常会听到专家说：“如果孩子突然成绩变差，突然不喜欢上学，晚上做噩梦，要小心可能在学校被霸凌了。”没错，校园霸凌是影响学习能力很重要的因素之一。

霸凌，是一种长时间持续的，并对个人在心理、身体和言语上进行的攻击，且因为霸凌者与受害者之间的地位或体形等因素不对等，导致受害者不敢或无法有效地反抗。

如果孩子愿意告诉你他被欺负、被霸凌，这事情就好解决了。在第六章，我提到了孩子在学校被欺负时，校方可能持有的两种态度，即公平正义或敷衍了事。这两种态度会导致截然不同的结果。在老师、学校公平正义的情况下，家长可以通过与校方沟通、由校方解决的方式，让孩子在学校或社群网络中不再被这个霸凌者予取予求。但是如果校方敷衍了事，霸凌就比较难处理。

被霸凌的孩子本身的特质也有一些明显的倾向性，比如，通常都比较缺乏自信，家庭的支持系统也比较薄弱。我在第七章曾举出加拿大麦吉尔大学的研究结果，证明随着父母陪伴孩子吃晚餐的频率升高，孩子在学校被霸凌的概率会降低。一周7天和父母一起吃晚餐的孩子，和几乎没有全家一起吃过晚餐的孩子相比，被霸凌的概率降低了一半！只要孩子在家庭中知道父母会无条件地支持与包容自己，这个孩子的自信心就会提升，在学校也基本不会被霸凌，反之亦然。霸凌别人的孩子也同样是因为自信心不足，才希望通过欺负他人来换取存在感，他们的内心和被霸凌者一样是脆弱的。

老师也可能是霸凌者

但是别忘记了，霸凌是长时间持续的身体和言语攻击，而且霸凌者与受害者之间存在"地位"的不对等，所以最容易符合霸凌条件的人，就是实施威权式教育、整天羞辱与体罚孩子的老师。

老师在学校里掌握权力，是有能力长时间、持续对学生施予言语和肢体伤害的人。即便是不体罚学生的老师，依然可以用很多其他非肢体的方式来霸凌孩子，比如用言语贬低孩子、用情绪性字眼辱骂孩子、在孩子之间相互比较、连坐法处罚全班、刻意营造同学间的竞争压力、让孩子互相排挤、放任孩子被同学霸凌等。作为大人，老师要霸凌孩子，能使用的招数很多，但其实背后反映的却是他教学上的挫折感与无力感。

我曾经辅导过一位妈妈，她的孩子情绪时常不稳定，学习也出现障碍，了解后发现，这些都和老师太凶有关。后来这位妈妈听从我的劝告，给孩子转了学。以前上学哭哭啼啼、晚上经常做噩梦的孩子，换了新老师之后，每天上学都很开心，连周末都说"真希望没有放假"。

我想再强调一次，"孟母三迁"是中国历史上最有智慧的教养方针。

第47课
多动症药物：该用就用，该停就停

★★★★★

每一位家长应该都听说过多动症。在网络上，我们也可以很轻易地找到诊断的标准，但是我并不打算把这些诊断标准放在书中。

多动症的诊断必须经过严谨的评估，包括通过半年的观察，让孩子在两个以上不同的团体中，有超过6项符合注意力不集中、肢体多动、个性冲动的行为，并且经过医生与心理师评估，排除其他疾病因素，才能归类为多动症的范畴。家长自己在网络上勾选评估，然后自己诊断孩子有多动症，这在医学上并非标准的诊断流程。

需要强调的是，多动症理论上应该是排除性的诊断，也就是说当孩子有这些多动、注意力不集中等症状时，应该先排除生理因素、学习障碍、毒性压力等，努力帮孩子找出对症处理的方法。经过半年或一年的努力之后，如果孩子仍表现出注意力不集中、多动、冲动等行为，最后才会进行多动症的诊断。

但家长也不能因此认为多动症不是病，不经过治疗就会自行痊愈。多动症是存在的，而且需要治疗。

国外有关儿童多动症的研究多如牛毛，研究方向包括病因的探索、更科学化的诊断、药物介入的成效、社会心理学的影响等。总之，全世界有很多专家、学者正在努力研究，试图帮助多动症的孩子与家人拥有更好的亲子关系，保护孩子的自信心与自我认同，以避免青春期过后留下心理上的后遗症。

在低年级班级中，年龄越小的学生越容易被诊断为多动症

过去就有许多研究发现，班上年龄越小的孩子，越容易被诊断为多动症。最近《柳叶刀》旗下的《柳叶刀精神病学期刊》刊登了芬兰一项大型的研究——他们追踪1998～2011年入学的小学生，搜集了一共6000多名被诊断为多动症的孩子的资料，统计他们的出生月份。

结果显示，年龄最小的两个月份出生的学生，相较于年龄最大的两个月份出生的学生，被诊断为多动症的概率，男生增加26%，女生增加31%！对照我们的学制而言，就是7月和8月出生的小朋友最容易被诊断为多动症。

这个现象只发生在小学低年级，即7～9岁这个年龄段，超过10岁才被诊断为多动症的孩子，就看不出出生月龄所体现的差异了。

从这一研究的结果我们可以判断：第一，多动症绝对不单纯是基因问题，环境影响也不容小觑，否则疾病盛行率不会有出生月龄的差异。第二，低年级偏低龄的儿童心智尚未成熟，在集体生活中特别容易显得学习能力不佳、注意力不集中、多动或冲动。第三，带领低年级班级的老师，如果对于孩子的年龄差异没有警觉性，很容易给孩子贴上“调皮”的标签，

进而过度地提高了多动症确诊率。

所有这些判断都在提醒家长和老师，在教导孩子时，要关注他们的相对年龄，标准要适度调整。医生在诊断多动症时，也要考虑到这个细微的发展进程差异。

面对低龄儿童，千万别拔苗助长

我的大儿子是8月21日出生的，可想而知，从幼儿园起他就是班上年纪最小的一个。过去这么多年来，我非常细心地观察他在学习上的适应能力，孩子的妈妈也会常常鼓励他：“你比其他同学小，有些事情学得比较慢，是很正常的。”我们做了最坏的打算，万一他真的适应不了，就休学一年再出发。幸好到目前为止，孩子没有学习上的困扰，我们也渐渐放心了。

仔细想想，在孩子班上的许多同学已经会走路、学讲话的时候，我儿子才刚出生呢！这些孩子的生活经历整整超出我儿子一年，大脑成熟度较高，语言能力更佳，这都是很正常的。儿子上了小学一年级，写字还歪歪扭扭，幸好碰到了贴心的老师，了解相对低龄孩子的手眼协调能力不强，让我们夫妻备感欣慰。

孩子学习这件事，就像是在跳双人舞，当父母、老师舞步太快，频频踩到孩子的脚时，就应该放慢脚步，忍受那慢半拍的华尔兹。但是当你感觉孩子自信心已经建立，舞越跳越有把握时，就可以加快速度，甚至开始玩一些花式招数。双人舞考验孩子与大人之间的默契，绝不能随便给孩子贴标签，更不能拔苗助长。理论上，上学应该是件开开心心的事，千万别让学校成为孩子自信心的坟场。

药物治疗并非万灵丹，但也绝对不是毒蛇猛兽

多动症儿童是否需要治疗，很难用一句话来回答，因为不同的人种、不同的家庭气氛、不同的社会包容度等诸多因素都会影响儿童用药的比例。

事实上，被诊断为多动症的孩子也只有一半需要用药，另一半则不需要。哪些孩子需要使用药物？答案是当环境对孩子不友善，严重到可能危及孩子自信心的地步时，就该用药了。

很多人认为，孩子只要拥有爱他的父母，自信心就能得以保存，然而在现实生活中却不见得如此。这个世界上还有其他残酷的大人以及残酷的小朋友，会针对孩子的缺点有意或无意地打击他的自信心。更何况家家有本难念的经，有时候多动症孩子的父母自身就已经出现心理问题，甚至许多家庭的混乱互动让父母陷入抑郁症，时常会打孩子、骂孩子。在这些情况下，就需要通过药物介入来重建孩子的自信心，并给予父母喘息的机会。

那些暂时不需用药的多动症的孩子，一般是刚好遇见接纳度高的家人、老师、学校以及同学、朋友，在学习的路上有人耐心陪伴，自信心没有受到伤害，当然也就不需要药物辅助。总之，做出“不用药”这个抉择，在某些家庭是轻松的，但是不能因此就理所当然地鼓吹不需要药物。

使用药物之后

使用药物之后，家长与老师都能松一口气，但这并不代表家长什么事都不用做了。家长必须去上课，学习如何正确陪伴多动症儿童，或者多读相关书籍，调整自己的教养态度，帮助孩子找到适合的学习方式。

如前文提及的七比一原则，抛弃恐惧式教养，建立成长型思维，不

让孩子产生习得的无助感，安排规律的作息、运动，不吃垃圾食品……这些都要一项一项地落实。通过药物的帮助让孩子的大脑冷静下来，同时父母要改变自己，拉近亲子关系，还要让善解人意的老师帮助孩子学习，开启培养孩子感兴趣的第二专长……这些都应该纳入用药之后合理的生活规划。

有一位来我诊所的父亲，一直用军事化的教育方式教养孩子，因此他的孩子也出现了多动的症状，最后我开了药物。孩子吃药后的确是变乖了，上课不捣蛋，课后辅导可以坐得住，爸爸对于药物的效果非常满意，于是变本加厉地严格管教孩子。几年后的一天，孩子跟我说："我不想吃药了，我恨吃药。"爸爸在旁边对我下指令："医生，你跟他说一定要吃药，不可以不吃。"当时我非常难过，然而这是他爸爸的教养选择，我可以劝告却无力去改变。

这个孩子曾经觉得吃药效果不错，不会被老师骂，不会被同学嘲笑，但是现在他感到疑惑，不知道爸爸是否只愿意爱"吃药后的我"。所以他想要挑战父亲，如果不吃药，父亲还能爱我、接纳我、包容我吗？显然这个孩子得到的答案是否定的。他和父亲的关系肯定会渐行渐远，他的学习状况也如预期的变得越来越糟。

当孩子用药后得到一些成绩时，家长或老师应该立刻告诉他们："是你的努力换取了这美好的成果，也让我看见你充满创意的特质。"不要让孩子误以为是因为吃药才获得成功，这样他会永远依赖药物，将来失败的时候，自信心会更受挫。药物只是像眼镜一样的辅助工具，并不是成功的主要原因。把称赞孩子三部曲——称赞好事、称赞努力、看见美好特质——用在多动症的孩子身上，是刻不容缓的事。

第48课
最好的品格教育就是身教

★★★★★

在20世纪末，美国有很多孩子进入青春期就不爱读书了，中途辍学的学生有将近30%。

为什么书读得好好的，会突然不想读了呢？

打骂无效，奖励也无效

你一定会想，这还不简单，就是鞭子与红萝卜双管齐下，打就对了，不然就提高惩罚力度——少一分，打一下，把孩子打到上大学。这个办法在我们以前那个年代早就使用过了，我想也不用再举例。严格的教育或许可以把孩子打上大学，但是那些被打坏的人，上了大学后就再也不爱读书了，我们身边就有很多现成的例子。不妨问问身边的人，你最近都在看些什么书？根据某杂志的问卷调查统计，大概有30%的人答不出来，跟美国中途辍学的高中生的比例一样。

那么奖励呢？如果把考上大学的奖赏提高，是否就能增加学生读书的动力呢？哈佛大学经济学教授罗兰·弗莱尔（Roland Fryer）在2010年发表的研究结果帮助各位回答了这个问题。他在休斯敦、纽约、芝加哥等城市的公立学校，找了一些家境相对贫困的孩子执行奖励计划：对于愿意读书的孩子，他可不只是送贴纸玩具，是送手机、送平板电脑！只要你愿意读书，就什么都送！

菲尔教授通过激励计划一共送出了几百万美金的奖品，这么高金额的奖品是否能让孩子成功地回归书本呢？答案是：没有。这些孩子不但没有因为奖励而提高成绩，甚至有少部分孩子学习成绩还退步了，因为奖品拿得太多，拿到最后已经麻木，读书的动机并没有增强。

既然鞭子也不行，红萝卜也失败，到底我们该从哪里着手，帮助孩子找回读书的乐趣呢？

品格教育

前面我们提到芝加哥大学卡米尔·法林顿教授的研究，她归纳出让孩子重新找回学习热情的方法是：建立归属感、任务由浅入深、产生自信心、产生内在动机。前面三个步骤很简单，第四个步骤最困难——如何产生内在动机？

孩子缺乏内在动机，不仅是不爱读书，更是觉得未来没有希望，每天都在抱怨与自怨自艾中度过，一天又一天地混日子，这是现代青年的危机（或许中年人也有相同的危机）。

美国的教育者发现，那些内在动机强烈的孩子，通常也同时拥有坚定的品格信念。比如，有些孩子有坚定的信仰，相信上天创造的美好，因此他就拥有感恩的品格；有些孩子则拥有别的品格，可能来自学校教育或者某个启发性的名人传记以及家庭的凝聚力等。

从1994年起，美国知名的“知识就是力量计划”（KIPP，Knowledge is Power Program）在相对贫困的地区建立了特许学校。这些学校订立了7个品格教育的目标，分别是热忱、毅力、乐观、自制力、感恩、与人为善与好奇心。在创办人强有力的执行之下，学校的学生有94%可以从高中毕业，其中81%继续进入大学深造。这些数字远远高出其他贫困地区的比例，可以说是品格教育的成功典范。

品格教育就是身教

品格教育最困难之处，是无法将“品格”二字硬塞入孩子的脑袋里。孩子有自己的眼睛，他们会观察、会判断，如果父母自己心口不一，说一套做一套，那么再怎么口头上强调品格的重要性，恐怕也没有用。

几年前，和我一起上节目的一位老师说了一则故事，令我印象深刻。故事是这样的：

> 有一位父亲，下班后想去买彩票，就顺便问身旁一位同事，是否也帮他买一张。这位名叫雷蒙的同事说：“当然好啊！明天把钱给你。”
>
> 于是这位父亲在回家之前，购买了两张彩票，在其中一张彩票上写上“雷”字，以示区分。当天晚上电视彩票开奖，万万没想到，其中一张号码竟然中了汽车大奖！
>
> 正当全家人高兴得手舞足蹈时，父亲抽出彩票仔细一瞧，哎呀，是写着“雷”字的那一张中了奖，自己买的那一张却什么都没中！父亲跟妻儿们宣布了这个坏消息，全家人都傻了眼。

“爸爸，别糊涂了，这两张彩票都是你买的啊！雷蒙他连彩票的钱都还没付给你，怎么可以说是他中了奖呢？更何况，雷蒙家里已经有两辆车了，咱们家一辆也没有，这就是上天的旨意啊！”被这么一劝，父亲陷入自我斗争中，但最后的最后，他还是选择打电话给雷蒙，恭喜他中了奖，并让他领走彩票。妻儿们听说后很生气，好几天都不跟他说话。

多年之后，子女们各自成家立业，每次聚会一提到爸爸，就会想起这段往事。随着年龄增长，人生经历越来越丰富，他们反而理解了父亲当年的做法，更加尊敬父亲。子女们一致同意，不论外在环境是贫是富，在他们的心目中，父亲都是世界上最富足的男人。

这则故事深深地打动了我，也如醍醐灌顶般提醒我，这就是最美好的品格教育。现在我想反问读者，你的家庭崇尚的是什么品格？你的家庭崇尚的是诚实，是知足，是乐观，还是赚钱？我们姑且不替品格打分数，但是既然我们希望拥有良好的身教，至少先替自己的孩子设立一个品格目标，以便全家人一起向着标杆奔跑。

别忘了，你的孩子的学习能力、编织梦想的能力以及对于未来人生的规划能力，都将建立在这个品格的基础之上。

第九章

孩子来了，爱情走了？给幸福婚姻开科学处方

★ 新手妈妈的四大压力来源：睡眠不足、劳逸不均、社会孤立、产后抑郁

★ 互相倾听就能疗愈

★ 吵一场健康的架

★ 夫妻争吵之后，请在孩子面前和好

第49课
新手妈妈的四大压力来源：睡眠不足、劳逸不均、社会孤立、产后抑郁

★★★★★

在最后一章，让我们来聊聊幸福婚姻吧。如果没有从头开始读这本书的话，你一定觉得很奇怪，育儿书为什么要聊婚姻呢？但是认真做笔记的你，应该已经知道童年家庭创伤的来源的罪魁祸首就是不稳定的家庭结构，所以幸福的婚姻是成功育儿的肥沃土壤。

奇怪的是，婚姻是人生如此重要的一个决定，却很少有人在步入婚姻殿堂之前，好好地上一堂婚姻幸福课。难道大家觉得经营婚姻的能力与生俱来，一次就能上手，完全不用专业训练的吗？当然，如何维系婚姻稳定，并不是短短几页纸就可以说明白的，但婚姻中毕竟会涉及一些与育儿相关的内容。在这一章，就让我们简单地重点学习一下。

孩子来了，爱情走了

记得当年在结婚之前，我和未婚妻事先报名参加了婚姻辅导课程，

在第一堂课上，辅导老师就给我们看了这张图。（图9-1）

图9-1 婚姻幸福感趋势图

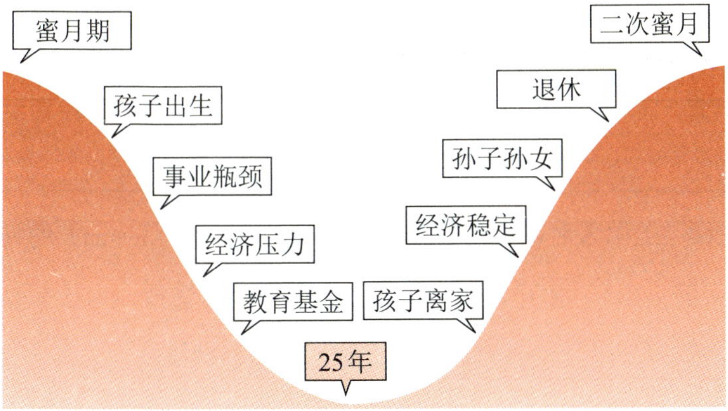

老师指着图说："你们现在啊，正值蜜月期，幸福感爆棚是很正常的，但等你们有了孩子，夫妻的幸福感就会开始往下跌。如果夫妻双方都既要顾小孩，又要拼事业，那么幸福感就会下降得更快。养育孩子的开销不低，会给家庭带来一定的经济压力。婚姻幸福感在结婚满25年的时候，会降到谷底。

"等到孩子终于长大成人，离家读书或工作，夫妻重新彼此相依，幸福感会慢慢回升，经济状况回稳，退休后还能含饴弄孙，老来将进入所谓二次蜜月，幸福感又会回到最高点。"

当时，我和未婚妻听了面面相觑，心里纳闷，辅导老师第一堂课就来个下马威，是在劝我们不要结婚，还是不要生孩子啊？

新手妈妈的四大压力来源：睡眠不足、劳逸不均、社会孤立、产后抑郁

结婚之后没多久，我妻子就怀孕了。我们的二人世界只持续了一年，第一个孩子就来到了，接下来就如同当年辅导老师的预言，夫妻之间的争吵越来越频繁；而吵架的内容，的确时常跟孩子相关，然后延伸到家庭的其他议题中。

后来我读了美国著名神经科学家约翰·梅迪纳（John Medina）的畅销书《让孩子的大脑自由》，才开始从医学和心理学的角度懂得，为什么妻子常常生气不高兴，为什么夫妻间的冲突开始增加。梅迪纳总结出了新手妈妈的四个难言之隐，分别为：睡眠不足、劳逸不均、社会孤立、产后抑郁。

* 睡眠不足：睡不够是情绪的最大杀手，也是造成夫妻争吵的主因。
* 劳逸不均：即便是双薪家庭，妻子的家务负担与育儿负担依然高出丈夫2.7倍，让妻子身心俱疲，并且转化为抱怨。
* 社会孤立：人际交往圈瞬间转变为妈妈群，与过去的朋友互动渐渐减少，新结交的朋友需要重新适应。
* 产后抑郁：激素的变化、身形的变化、家人之间关系的变化，都是产生抑郁症的诱因。

我在这里要特别提一下产后抑郁症。许多妈妈已经得了产后抑郁症，然而家人们却都沉浸在新生命到来的喜悦中，没有人发现妈妈的情绪出了问题。就算病人主动将情绪告诉身边的亲朋好友，通常只会得到“看开一

点儿啊！放轻松啦！”等不痛不痒的安慰。

产后抑郁症发生的概率约为13%，出现的高峰时间是产后两个月之内，但产后一年内任何时候也都可能发生。罹患产后抑郁症的病人就像溺水者一样，自己是救不了自己的，需要心理咨询师或者心理医生等专业人士的介入。妈妈产后如果总是陷入悲观情绪，或者对任何事物都提不起劲儿，可以通过《爱丁堡抑郁量表》进行自我评估，并且应该积极就诊。

爱丁堡抑郁量表

在过去7天中，我的心理感受：

1. 我能看到事物有趣的一面，并笑得开心。

□同以前一样　　□没有以前那么多

□肯定比以前少　　□完全不能

2. 我欣然期待未来的一切。

□同以前一样　　□没有以前那么多

□肯定比以前少　　□完全不能

3. 当事情出错时，我会不必要地责备自己。

□大部分时候这样　　□有时候这样

□不经常这样　　□没有这样

4. 我无缘无故感到焦虑和担心。

□一点儿也没有　　□极少有

□有时候这样　　□经常这样

5. 我无缘无故感到害怕和惊慌。

□相当多时候这样　　□有时候这样

□不经常这样　　□一点儿也没有

6. 很多事情压在我身上，使我透不过气 。

□大多数时候我都不能应付

□有时候我不能像平时那样应付得好

□大部分时候我都能像平常那样应付得好

□我一直都能应付得好

7. 我很不开心，以致失眠。

□大部分时候这样　□有时候这样

□不经常这样　□一点儿也没有

8. 我感到难过和悲伤。

□大部分时候这样　□相当多时候这样

□不经常这样　□一点儿也没有

9. 我不开心，忍不住哭泣。

□大部分时候这样　□有时候这样

□只是偶尔这样　□没有这样

10. 我想过要伤害自己。

□相当多时候这样　□有时候这样

□很少这样　□没有这样

评分标准

第1、2、4题，四个选项对应分数依次为：0分、1分、2分、3分；第3、第5—10题，各选项对应分数依次为：3、2、1、0分。

评估结果：10分（含）以上可能有抑郁倾向，大于13分很可能罹患产后抑郁症。

孩子3岁前，是丈夫对夫妻感情和婚姻的存款时期

这隐藏的新手妈妈四大压力来源，大多是爸爸难以体会的，因此丈夫在这段时间必须付出更多的耐心去体谅妈妈。孩子出生后3年左右时间，是丈夫对于婚姻的感情存款时期。这段时间里，如果丈夫能够对另一半付出更多耐心，并且主动参与做家务，将可以换得未来长久的婚姻稳定。

美国加州大学伯克利分校的菲利浦·考恩（Philip Cowan）博士在追踪调查100对有孩子的夫妻之后，也分析得出相同的结论：只要夫妻撑到孩子上幼儿园之后，婚姻感情就能慢慢止跌回升，并进入稳定时期。

考恩博士归纳出夫妻有了宝宝后，维持幸福婚姻的四个关键点：

* 同时期待孩子来临的夫妻，比较容易渡过难关；而不小心怀孕或者受到单方面压力而怀孕的夫妻，婚姻较容易触礁。
* 丈夫愿意主动做家务。
* 妻子愿意主动给丈夫支持与鼓励。
* 夫妻双方都愿意多花一些时间在配偶身上，而非只关注孩子。

丈夫的主动介入，有几个需达成的目标：

* 让妻子维持足够的睡眠。
* 让妻子在有限的时间内能继续完成梦想。
* 当观察到《爱丁堡抑郁量表》分数偏高时，陪伴妻子找心理医生咨询。

不同的女性有不同的梦想，有些人选择继续在职场工作实现梦想，有些人则不是，也有些母亲虽然生了孩子后辞掉工作，但反而找到了内心真正有热情的事业，活出更精彩的后半生。当然，凡事不要操之过急。孩子的成长只有一次，但人生来日方长，只要保持这种正面积极的生活态度，梦想一定会留给有所准备的人。

第50课
互相倾听就能疗愈

妈妈们聚在一起的时候常常喜欢抱怨丈夫，这是她们最普遍的休闲娱乐方式。但是心理学家们分析发现，妈妈们聚在一起抱怨丈夫，其实并非真的讨厌另一半，只是因为她们对生活现状不满，需要一个出口来发泄。

女性们都是从女性角度解读自己的丈夫，去探究另一半是怎么想的。那么，为什么男性会有那些女性不理解的行为呢？

男女大不同

生完孩子之后，夫妻每天都面临各种各样的抉择，抉择的过程带来争吵，是因为双方价值观的优先级不同。换句话说，丈夫在意的事情，妻子可能觉得无趣；而妻子根深蒂固的坚持，丈夫可能觉得没什么大不了。

根据统计，女性产后最关心的，第一是孩子，第二是家务，第三是财务状况。成为妈妈之后，女性都会不由自主地心系孩子，担心孩子未来的衣、食、住、行，于是想掌控家中的财政大权，开始抱怨丈夫钱赚得太少，对家务事突然有很多意见。妈妈在意的这三件事，都和生物学层面的母性本能相关，丈夫的存在反而变成次要的了。

男性在当了爸爸之后，所关心的前三件事跟没当爸爸之前其实差不多，第一是性生活，第二是财务状况，第三是休闲娱乐。请不要说这些爸爸脑子有什么问题，他们并不是不爱孩子，也不是不喜欢家里干干净净，只是大脑先天被设定的就是如此，思考的模式和女性很不一样，仅此而已。

互相倾听就能带来疗愈

既然改变不了大脑的思考模式，至少要做到彼此倾听，互相倾听就能带来疗愈。当妻子在碎碎念育儿的烦恼时，丈夫至少可以隐藏不耐烦的表情，倾听女性大脑最关心的议题，借此给妻子带来疗愈。当妻子在抱怨钱不够用时，丈夫不要急火攻心，觉得妻子是针对自己，是挑衅，而是要告诉自己倾听就是疗愈，一句“我会努力的，让你担心真是抱歉”就可以大大加分。

女性也请换位思考。当丈夫翻身抱住老婆时，不要嫌恶地推开另一半，而是将他拉得更紧，告诉他：“我知道你在想什么，但是我实在没有力气了，很抱歉。”丈夫看篮球比赛时，在电视机前兴奋地大叫，不要用鄙视的眼神伤害他，其实随口附和一句“火箭队加油”，丈夫就会感到非常开心。总之，要牢记：倾听就是疗愈。

寻找对方的爱之语

很多夫妻在谈论婚姻时，都会用第一人称为自己辩解：“你不知道我有多爱他，我为他做了这件事、那件事，他却一点儿感觉也没有。”其实，很多人在婚姻中都付出了努力，却因为犯了同样一个错误而无法成功，那就是“用爱自己的方式来爱对方”。

比如，妻子自己喜欢在特别的日子收到礼物，所以在另一半生日的时候，也替对方准备了一场惊喜的宴会，结果丈夫却没有特别的反应。妻子虽然失望，但觉得自己的暗示已经够明显了，丈夫在结婚纪念日时应该会好好表现；结果纪念日到了，丈夫却什么都没有准备。这双重打击让她非常生气，随后夫妻大吵一架，丈夫却觉得莫名其妙，不知道另一半为什么小题大做。

男女大不同，夫妻心中爱的语言也可能存有很大的差异。女人或许喜欢精心准备的时刻，男人却觉得庆祝节日很麻烦，又浪费钱。男人或许更想要身体的接触，女人却不见得感兴趣。究竟爱的语言有几种？心理学家加里·查普曼（Gary Chapman）博士在全球畅销的《爱的五种语言》一书中，将夫妻之间爱的表达整理为五种语言，分别是：身体的接触、接受礼物、肯定的言辞、精心准备的时刻、服务的行动。

查普曼博士鼓励夫妻共同探索自己的内心，并且清楚告知对方，自己喜欢哪一种爱之语，这样对方才能够知道如何精准地付出，用对方的语言来爱他。比如，某丈夫或许不在乎结婚纪念日，但既然另一半的爱之语是“精心准备的时刻”，那么硬着头皮也要好好准备，因为一年就这一次。成为母亲之后，女方或许已经不在意“身体的接触”，但既然这是伴侣的首选爱之语，定期也是要逢场作戏一下。

这样一来，才不会让你的爱之语成为永远打不中目标的空炮弹。

亲密关系的分水岭

尽管我们一再强调夫妻要互相倾听，要分享爱之语，但现代人的内心可能隐藏了一些过往的伤痛，不愿意暴露在自己的伴侣面前。

在第三章，我们谈到婴儿的依附形态会影响成年之后的亲密关系。许多夫妻依然承袭着童年时期的安全型依附关系或不安全型依附关系，而不安全型依附关系的伴侣，通常不愿意将真实的内心袒露。

婚姻家庭专家黄维仁博士曾经用一句话道破婚姻中亲密关系向好或向坏的方向发展的分水岭："当我感到伤痛的时候，选择迁怒另外一半，婚姻关系就走向分离；当我感到伤痛的时候，对另外一半敞开心扉，婚姻关系就更加紧密。"

迁怒就渐行渐远，敞开就越靠越近。但是敞开心扉也等于把自己的软弱暴露在伴侣面前，这样做的风险在于对方是否能无条件地包容与接纳不完美的我。

这也是为什么逃避型依附关系的伴侣，通常不愿意敞开心扉，因为他不相信有人能无条件地包容与接纳自己；而焦虑型依附关系的伴侣，则习惯把伤痛迁怒于对方。这些人都在不由自主地用错误的方式对待自己的亲密对象，这是婚姻中无法自我辨识的盲点。

婚姻咨询：预防重于治疗

当夫妻两人发现婚姻出了问题，但却遇到沟通瓶颈时，请不要妄想自救，而是应该找一位专业的婚姻心理咨询师，趁着问题还不算严重，夫妻一起去聊聊，让第三者来倾听双方的心声，并且给彼此提供对话的新契机。

在亚洲，愿意去进行婚姻咨询的夫妻基本都是互相伤害多年，内心早已伤痕累累，婚姻也已经濒临崩解。但精神伤痛和身体上的疾病一样，“预防胜于治疗”。如果初期不预防，等到婚姻关系恶化到必须送入特护病房才来急救，往往为时已晚；就算能挽救，也无法避免诸多的后遗症。

所以，希望父母们趁婚姻还在“小感冒”阶段时，多花点儿时间经营，防止夫妻关系的恶化。如果一两次的咨询就能带来后半辈子的幸福，在婚姻中备感困惑的你还犹豫什么呢？

第51课
吵一场健康的架

★★★★★

研究显示，80%的夫妻争吵都是女性先引发的。华盛顿大学的约翰·戈特曼（John Gottman）博士发现，在争吵的过程中，如果夫妻间常常会翻白眼，并大量使用“我我我、你你你”，而非“我们”的表达方式，预测未来离婚概率高达94%。为什么翻白眼会让夫妻离婚？因为翻白眼代表的是轻蔑、鄙视，在亲密关系中，这是杀伤力极强的。

互相伤害的夫妻走向毁灭，但是不吵架的夫妻也不见得就幸福。研究显示，夫妻还是必须要偶尔吵一场“健康的架”才能开启良性沟通。所以吵架是一门学问，也是夫妻相处最需要修炼的技能。

承认理想状况与现实不符

有一天我下班回家，先躺在沙发上看电视，拖了两小时才去洗澡。正在冲水时，妻子带着孩子们从才艺班回来，并对他们一声令下：“快去洗澡！今天很晚了，洗完澡要赶紧上床睡觉。”

“可是爸爸在浴室！”儿子说。

妻子嘴里开始碎碎念：“怎么现在才洗澡啊，下班这么久了不先洗，现在占着浴室。孩子每周五要上才艺班，回家特别晚，赶着要睡觉……你自己写文章说孩子的睡眠最重要，然后自己又干扰他们的作息……”

“有完没完啊？”我很生气。就为了谁先用浴室这种鸡毛蒜皮的小事，夫妻间开始了一场唇枪舌战，最后我气得拂袖而去，妻子也不甘示弱，“砰”的一声关上了房门。

我气冲冲地开着车，到附近的超市晃了一圈，凭借“颜色与物体的冥想”，逐渐冷静下来。于是，我拿起手机向妻子示好。请记住，这是第一步：婚姻中男人先示好绝对比等待女人示好能更快速地解决问题。

接下来我展开联想，试图去理解对方原本所预期的理想状况。我给妻子发了短信：“你今天送孩子去上课，又接他们回来，真的是挺累的。在你的理想中，我应该把浴室腾出来，让孩子回家洗完澡立刻上床睡觉。抱歉我没有符合你的期望。”虽然我不觉得自己做错了什么事，但猜想对方的理想世界，本身就是一种疗愈行为。

她有她的理想世界，我也必须阐述我的困境：“我今天也真的累了，回家后什么都不想做，大脑需要放空。我也期待看到你们的笑容，这是忙碌一整天之后，我最期待的礼物。所以我想我们今天的吵架，并不是针对你，也不是针对我，而是我们所预期的理想状况落了空。我们的情绪来自失落感，所以我替自己的情绪控制不佳而对你大吼大叫道歉。我也希望能做到每周五让孩子早点儿洗澡，晚上我哄孩子睡，让你可以在最忙碌的一天得以喘息。”

当我把争吵从“你你你、我我我”提升到“我们”之后，夫妻间的亲密关系在不知不觉中又渐渐回温了。通过简短的文字表达，我也避开了女性比较擅长的口舌之争，让理性的大脑可以先整理好思绪，并且通过文字做适当的表达。

妻子收到我的短信之后，也回复了她的情绪来源。原来，除了打开家门发现事与愿违之外，她也生气我在那两小时里在网络上发了一篇她不喜欢的文章，我这才明白刚才的争吵还掺杂着另一种情绪。

当天，我们聊了一个多小时。回到家后，我给了妻子一个深深的拥抱。因为在冲突中我们愿意敞开心扉，愿意避开“你、我”字眼，愿意承认理想与现实的差距，愿意各退一步，所以我们的关系反而更加紧密了。

我知道很多夫妻喜欢用冷战的方式处理冲突。当夫妻选择冷战取代吵架时，就说明双方的沟通陷入僵局，彼此选择用逃避来换取时间。到了这个地步，我认为两个人必须有所警觉，应该开始积极安排婚姻咨询，不要让“爱情感冒”继续恶化下去。

先替另外一半的行为做善意解读，再诉说自己的感受

对于另一半，我也有一句话要提醒，那就是：不论对方做了什么令你不开心的事，说了什么不中听的话，请“先替另外一半的行为做善意解读，再来诉说自己的感受”。

很多妻子一开始吵架，就叽里呱啦地诉说自己的感受，指控丈夫的各种不妥行为，用伤害性的言语来逼对方就范。但是在这一通酣畅淋漓的表述之前，可不可以先替另外一半的行为做善意的解读，让另一半有台阶下，然后再来诉说自己的苦衷？

我猜你晚归却没有打电话给我，是因为工作真的忙到一点儿

时间也没有，而你这么努力工作，也是为了这个家。

我想你会买这么贵的车，有一部分也是考虑到安全性，让我们一家人能平平安安。

我想你放假一直打电子游戏，一定是平常工作精神压力太大了，其实我很心疼。

我举这些例子，就是给另一半台阶下，先替另一半的行为做善意的解读。或许你的嘴角已泛起一丝冷笑，心里想着“才不是呢，明明他就是玩到忘记打电话，自己爱慕虚荣想买名车，还不想照顾孩子”。虽然这些恐怕都是事实，但我们今天要讨论的是沟通技巧，而非第一时间要当对方的法官。

替另外一半的行为做善意解读，英文叫作“ give someone the benefit of the doubt”。当夫妻意见不合时，如果都是先以“你坏、你恶劣、你笨”来指控，其实就等于封锁了对方悔改的路。因为一旦他承认错误，就代表他也同时承认自己是“又坏、又恶劣、又笨”的人，这是一种不可接受的污蔑，绝对要抵死不认账。

但是先给对方一个好理由，尤其是转化为“我们”——“你是为了我们的家，为了我们夫妻，为了我们的孩子”，这样就先拉近了彼此的距离。化干戈为玉帛后，再来述说自己的感受，对方就能听进去。

但是，我一个人在家等你电话，担心到吃不下饭，所以有点儿生气。

哥哥的托管班和弟弟的保姆钱，现在一个月总共要交2万元，我常常担心到半夜都会醒过来。

我跟你一样，周末也好累，脸上都开始长痘痘，我真的需要时间休息。

就这样不卑不亢，先用富有同理心的语句把对方的耳朵打开，然后真诚地告诉对方自己的感受：生气、担忧、疲惫或嫉妒。经过几次相同的沟通模式，对方如果爱你，就会愿意因为爱而改变；且这样的“听话”才是发自内心的，而不是出于恐惧。

妻子若单凭一张利嘴训练出怕老婆的好丈夫，这并不是爱的真谛。真正的爱里不应该有恐惧。在内心深处，我们都希望对方是因为爱而顺服，而非因害怕而听话。这就好比男人嘴巴说不过，就用暴力的方式逼对方听话，用肢体暴力换来妻子的顺从，其实异曲同工。

我们小时候都听过“北风与太阳”的寓言。今天在婚姻中的你，是要做北风，还是扮演温暖的太阳？我想答案应该是不言自明的吧。

第52课
夫妻争吵之后，请在孩子面前和好

★★★★★

美国印第安纳州圣母大学的马克·卡明斯（Mark Cummings）教授研究发现：如果父母常在孩子面前吵架，孩子的肾上腺激素分泌量会因此上升，其中三分之一的孩子会出现攻击倾向。这表明他们已经接收到所谓的毒性压力。

但是，如果父母吵架之后，在孩子面前解决冲突，言归于好，出现攻击行为的儿童比例就会只剩下4%。

因此，夫妻在孩子面前最好不要吵架；如果实在控制不住情绪，也一定要记得在他们面前演一出和好的大戏。那么，几岁的孩子可以感受到父母的争吵？答案是6个月大的小婴儿。研究显示，6个月的婴儿就能感受到家庭气氛变得紧张，进而肾上腺激素分泌量上升，造成心跳加快、血压升高。

所以这出“夫妻和好”的戏码，恐怕在孩子的婴儿期就要时常在他们面前上演。

都是我不乖，爸爸妈妈才会吵架

在我的一次门诊中，有位妈妈因为家庭冲突的问题向我咨询兼诉苦。然而就在她描述冲突的过程时，4岁的孩子一把捂住妈妈的嘴，大声打断我们之间的对话："不可以说，妈妈不要说话！"

听妈妈说，这孩子的心思很细腻，每次夫妻吵架时，他都会像小蜜蜂一样，这边劝一劝、那边抱一抱，试图缓解双方的情绪。有一次他跟妈妈说："都是我不乖，爸爸妈妈才会吵架的。"其实这就是许多心智尚未成熟、对世事懵懂的孩子看到父母吵架时说不出口的心里话。

还记得第六章提到的罗伯特·凯根的人际关系发展理论吗？学龄前幼儿的思考常常是以自我为中心，倾向于将周遭所有的事物都与自身建立关联。因此他们会认定是自己犯了错，父母才会吵架；会认为如果自己乖一点儿或表现好的话，爸爸妈妈也许就会和好。

这种自我中心的归因，如果没有父母的说明和纠正，长期下来可能导致孩子失去安全依附感，因为孩子觉得"爸爸妈妈吵架的时候，就是讨厌我，不爱我"。这就是为什么在童年家庭创伤指数的研究中，家庭伤害发生时儿童的年龄越小，伤害力越强！

因此夫妻吵架之后，不仅要在孩子面前演一出和好的戏，还要跟孩子解释冲突的缘由，至少要让他们知道，爸妈吵架并不是因为孩子做错了事。

身教让孩子学会正确解决冲突

父母在孩子面前吵架虽然有诸多害处，但唯一的优点就是可以以身作则，示范良好的冲突解决方法。

有一次我巡查儿童病房，有一个住院的大男孩跟妈妈吵着要吃零食，妈妈摇头说不可以。没想到这个男孩就在我的面前，挥舞起小拳头，配上凶狠的眼神，作势要打妈妈。这一幕让我触目惊心。这孩子已经不是小婴儿了，竟然还没有处理歧见的能力，既不会撒娇，也不会跟妈妈谈条件，只会依循动物的本能，用野蛮的拳头来处理冲突。

这样的孩子在入学之后，会自然而然地将家中习得的冲突处理模式延伸至其他的人际关系中。父母在家中若经常恶言相向，甚至有肢体暴力的行为，孩子有样学样，在学校中遭遇冲突时，也会使用骂人、打人等攻击行为来解决问题。这样的行为模式可能引起同学的排斥，进而造成不良的人际关系。

虽然夫妻吵架在所难免，然而身为父母的职责之一就是让孩子在吵架过程中，学习如何用理性的方式解决纷争。

在上一课，我已经分享了夫妻吵架后的处理方式：可以先离开现场，冷静一下；然后用话语或短信去理解对方，想清楚理想与现实的差距，并且替对方的行为做善意的解读，再诉说自己的感受；最后各退一步，在适度的妥协中，让彼此都好过一些，并且记得在孩子面前和好。

若每次夫妻的争执都能用这样一个完整的流程圆满解决，孩子不仅不会得到毒性压力，还能因此学习到宝贵的沟通技巧，成为父母给孩子最好的身教之一。

婚姻中没有人能够“全赢”。在夫妻冲突之中，如果还抱有这种想要全赢的心态，就表明我们的人格与心智发展和5岁以前以自我为中心的婴儿一样幼稚。

育儿生活也像一面镜子，有时回顾夫妻吵架的内容，再比对自己骂孩子的台词，都会惊讶地发现，其实我们也跟孩子一样自私、幼稚，偶尔会无理取闹。

让我们彼此祝福：在陪伴孩子一起教学相长的过程中，能成为更好的父母；并能在不知不觉中，蜕变为更稳重、更成熟和更善良的人。

后记

有一天，女儿从才艺班下课，从教室走出来时，问我："爸爸，我想跟朋友多玩一会儿再回家。"我面有难色地告诉她，时间已经不早了，妈妈已经准备好晚餐在家里等待，我就让你玩5分钟吧！

女儿当然觉得5分钟不够，于是经过协商，我们达成共识，在她的手表上，按下了15分钟的倒数计时。时间一下子就过去了，闹铃响起时，我跟女儿说"该回家了"，她立刻噘起小嘴，捡起外套甩在肩上，拉链还不小心打到了旁边的阿姨，然后用力地甩门走了出去。她关门的声音太大，吓到了许多现场的家长。我面露歉意，赶紧离开了略显尴尬的现场。

女儿还在气鼓鼓地大踏步走，我带她上车后，回头严肃地对她说："告诉你，爸爸生气了。我非常理解你想多玩一会儿的想法，也把5分钟延长到15分钟，我还提前两分钟提醒你，让你有心理准备，最后你却用这种方式表达不满，我很难过。这次我没有大吼大叫，所以你可以选择用任何方式跟我道歉，不然我今天不想再跟你讲话。"然后我就不理她了。

说这句话时我很谨慎，因为女儿是个脾气很拗的孩子，她可以一个人坐在书桌前画画或看书，半天不说话也没关系，因此和女儿冷战不是个好主意。但不管她愿不愿意道歉，我都预告了今天将不再跟她说话，要修复亲子关系，可以明天重新再来。

我一边开车，一边感到很沮丧。我把亲子沟通的技巧都用上了——同理心、良性沟通、互相妥协、预告事件、没有大吼怒斥，但为什么结局还是如此令人不快呢？怀着沉重的心情回到家，我把事情的来龙去脉告诉妻子。听完后她请我去洗澡，说她来找女儿聊天。

冷静下来想想，我其实并没有完全失败，毕竟女儿还是乖乖跟着我离开教室，而且也没有失控大哭大闹，或许我的要求太高了，连她发脾气的权利都要干涉。不过她乱甩拉链以及大力关门这两件事，毕竟还是影响到了其他人。我想让她知道：生气可以，但用力大踏步已经足以泄愤，其他动作都是多余的。

半小时后，妻子捎话来：女儿说这是她在学校的最后一堂课，所以舍不得离开。我说："什么？可是这些同学下星期又要见面了，只是换个教室而已，有这么严重吗？"妻子耸耸肩："对孩子来说，还是不一样吧！"

我走出房间，坐到餐桌旁，跟女儿说："妈妈告诉我你不想离开的原因了，今天是在那个教室的最后一堂课，你会想念和同学在那里一起玩的时光。"女儿点点头，默默低头吃水果。一阵沉默之后，她拿起桌上最大的一颗草莓，放在我的餐盘上——那是她最爱吃的水果，而这是她道歉的方式。我还记得那一年她才5岁。

在育儿生活中，留下最美好的福分

现代父母时常习惯于忙着给孩子吃最好的、穿最好的、用最好的、找最好的老师、上最好的学校。我们忙进忙出，心烦意乱，然后开始责怪另一半不帮忙。

但不要忘了，孩子除了温饱的需求、受教育的需求之外，他们幼小心灵最渴望的还是"陪伴"，也就是希望爸爸妈妈坐在孩子脚边，听他说说话。

想象一下，多年以后，你的孩子长大成人，放假时带着你的孙子孙女回老家团聚。30多年前的今天，他吃了什么、穿了什么、用了什么、学了什么可能都已经记不清了，但唯一能在他脑海中存留的，是和你那份美好的亲子关系。一踏进老家的门，幸福感油然而至，一家人坐在彼此脚边，享受那没有人能夺去的美好福分。

如果这个未来的画面是你所期盼的，而不是“爸妈规定我每个月要来探望，不然他们会生气，一直打电话来碎碎念”的话，从今天起，就让我们一起抛弃传统的恐吓式教养吧。

30年后，我应该已经记不得跟5岁女儿赌气的原因，但她把一颗大草莓放在我餐盘上的那一幕，会永远停留在我的脑海中。这美好的福分，任何人都夺不走。